FRIEDRICH SCHILLER

Wallenstein

EIN DRAMATISCHES GEDICHT

I

WALLENSTEINS LAGER

DIE PICCOLOMINI

PHILIPP RECLAM JUN. STUTTGART

Der Text folgt der Säkular-Ausgabe der Sämtlichen Werke, 5. Band, herausgegeben von Jakob Minor. J. G. Cotta: Stuttgart und Berlin o. J. Die Orthographie wurde behutsam dem heutigen Stand angeglichen.

Universal-Bibliothek Nr. 41
Gesetzt in Petit Garamond-Antiqua. Printed in Germany 1975
Herstellung: Reclam Stuttgart
ISBN 3-15-000041-6

PROLOG

Der scherzenden, der ernsten Maske Spiel,
Dem ihr so oft ein willig Ohr und Auge
Geliehn, die weiche Seele hingegeben,
Vereinigt uns aufs neu in diesem Saal –
Und sieh! er hat sich neu verjüngt, ihn hat
Die Kunst zum heitern Tempel ausgeschmückt,
Und ein harmonisch hoher Geist spricht uns
Aus dieser edeln Säulenordnung an
Und regt den Sinn zu festlichen Gefühlen.

Und doch ist dies der alte Schauplatz noch,   10
Die Wiege mancher jugendlichen Kräfte,
Die Laufbahn manches wachsenden Talents.
Wir sind die alten noch, die sich vor euch
Mit warmem Trieb und Eifer ausgebildet.
Ein edler Meister stand auf diesem Platz,
Euch in die heitern Höhen seiner Kunst
Durch seinen Schöpfergenius entzückend.
Oh! möge dieses Raumes neue Würde
Die Würdigsten in unsre Mitte ziehn,
Und eine Hoffnung, die wir lang gehegt,   20
Sich uns in glänzender Erfüllung zeigen.
Ein großes Muster weckt Nacheiferung
Und gibt dem Urteil höhere Gesetze.
So stehe dieser Kreis, die neue Bühne
Als Zeugen des vollendeten Talents.
Wo möcht' es auch die Kräfte lieber prüfen,
Den alten Ruhm erfrischen und verjüngen,
Als hier vor einem auserlesnen Kreis,
Der, rührbar jedem Zauberschlag der Kunst,
Mit leisbeweglichem Gefühl den Geist   30
In seiner flüchtigsten Erscheinung hascht?

Denn schnell und spurlos geht des Mimen Kunst,
Die wunderbare, an dem Sinn vorüber,
Wenn das Gebild des Meißels, der Gesang
Des Dichters nach Jahrtausenden noch leben.

Hier stirbt der Zauber mit dem Künstler ab,
Und wie der Klang verhallet in dem Ohr,
Verrauscht des Augenblicks geschwinde Schöpfung,
Und ihren Ruhm bewahrt kein dauernd Werk.
Schwer ist *die* Kunst, vergänglich ist ihr Preis,   40
Dem Mimen flicht die Nachwelt keine Kränze;
Drum muß er geizen mit der Gegenwart,
Den Augenblick, der sein ist, ganz erfüllen,
Muß seiner Mitwelt mächtig sich versichern
Und im Gefühl der Würdigsten und Besten
Ein lebend Denkmal sich erbaun – So nimmt er
Sich seines Namens Ewigkeit voraus.
Denn wer den Besten seiner Zeit genug
Getan, der hat gelebt für alle Zeiten.

Die neue Ära, die der Kunst Thaliens   50
Auf dieser Bühne heut beginnt, macht auch
Den Dichter kühn, die alte Bahn verlassend,
Euch aus des Bürgerlebens engem Kreis
Auf einen höhern Schauplatz zu versetzen,
Nicht unwert des erhabenen Moments
Der Zeit, in dem wir strebend uns bewegen.
Denn nur der große Gegenstand vermag
Den tiefen Grund der Menschheit aufzuregen;
Im engen Kreis verengert sich der Sinn,
Es wächst der Mensch mit seinen größern Zwecken.   60

Und jetzt an des Jahrhunderts ernstem Ende,
Wo selbst die Wirklichkeit zur Dichtung wird,
Wo wir den Kampf gewaltiger Naturen
Um ein bedeutend Ziel vor Augen sehn
Und um der Menschheit große Gegenstände,
Um Herrschaft und um Freiheit wird gerungen –
Jetzt darf die Kunst auf ihrer Schattenbühne
Auch höhern Flug versuchen, ja sie muß,
Soll nicht des Lebens Bühne sie beschämen.

Zerfallen sehen wir in diesen Tagen   70
Die alte feste Form, die einst vor hundert
Und funfzig Jahren ein willkommner Friede
Europens Reichen gab, die teure Frucht
Von dreißig jammervollen Kriegesjahren.

Noch einmal laßt des Dichters Phantasie
Die düstre Zeit an euch vorüberführen,
Und blicket froher in die Gegenwart
Und in der Zukunft hoffnungsreiche Ferne.

In jenes Krieges Mitte stellt euch jetzt
Der Dichter. Sechzehn Jahre der Verwüstung,   80
Des Raubs, des Elends sind dahingeflohn,
In trüben Massen gäret noch die Welt,
Und keine Friedenshoffnung strahlt von fern.
Ein Tummelplatz von Waffen ist das Reich,
Verödet sind die Städte, Magdeburg
Ist Schutt, Gewerb und Kunstfleiß liegen nieder,
Der Bürger gilt nichts mehr, der Krieger alles,
Straflose Frechheit spricht den Sitten Hohn,
Und rohe Horden lagern sich, verwildert
Im langen Krieg, auf dem verheerten Boden.   90

Auf diesem finstern Zeitgrund malet sich
Ein Unternehmen kühnen Übermuts
Und ein verwegner Charakter ab.
Ihr kennet ihn – den Schöpfer kühner Heere,
Des Lagers Abgott und der Länder Geißel,
Die Stütze und den Schrecken seines Kaisers,
Des Glückes abenteuerlichen Sohn,
Der, von der Zeiten Gunst emporgetragen,
Der Ehre höchste Staffeln rasch erstieg
Und, ungesättigt immer weiter strebend,   100
Der unbezähmten Ehrsucht Opfer fiel.
Von der Parteien Gunst und Haß verwirrt
Schwankt sein Charakterbild in der Geschichte;
Doch euren Augen soll ihn jetzt die Kunst,
Auch eurem Herzen menschlich näher bringen.
Denn jedes Äußerste führt *sie*, die alles
Begrenzt und bindet, zur Natur zurück,
Sie sieht den Menschen in des Lebens Drang
Und wälzt die größre Hälfte seiner Schuld
Den unglückseligen Gestirnen zu.   110

Nicht *er* ist's, der auf dieser Bühne heut
Erscheinen wird. Doch in den kühnen Scharen,
Die sein Befehl gewaltig lenkt, sein Geist

Beseelt, wird euch sein Schattenbild begegnen,
Bis ihn die scheue Muse selbst vor euch
Zu stellen wagt in lebender Gestalt;
Denn seine Macht ist's, die sein Herz verführt,
Sein Lager nur erkläret sein Verbrechen.

Darum verzeiht dem Dichter, wenn er euch
Nicht raschen Schritts mit *einem* Mal ans Ziel   120
Der Handlung reißt, den großen Gegenstand
In einer Reihe von Gemälden nur
Vor euren Augen abzurollen wagt.
Das heut'ge Spiel gewinne euer Ohr
Und euer Herz den ungewohnten Tönen;
In jenen Zeitraum führ' es euch zurück,
Auf jene fremde kriegerische Bühne,
Die unser Held mit seinen Taten bald
Erfüllen wird.
          Und wenn die Muse heut,
Des Tanzes freie Göttin und Gesangs,   130
Ihr altes deutsches Recht, des Reimes Spiel,
Bescheiden wieder fordert – tadelt's nicht!
Ja danket ihr's, daß sie das düstre Bild
Der Wahrheit in das heitre Reich der Kunst
Hinüberspielt, die Täuschung, die sie schafft,
Aufrichtig selbst zerstört und ihren Schein
Der Wahrheit nicht betrüglich unterschiebt;
Ernst ist das Leben, heiter ist die Kunst.

Wallensteins Lager

PERSONEN

Wachtmeister } *von einem Terzkyschen*
Trompeter } *Karabinier-Regiment*
Konstabler
Scharfschützen
Zwei Holkische reitende Jäger
Buttlerische Dragoner
Arkebusiere *vom Regiment Tiefenbach*
Kürassier *von einem wallonischen* }
Kürassier *von einem lombardischen* } *Regiment*
Kroaten
Ulanen
Rekrut
Bürger
Bauer
Bauerknabe
Kapuziner
Soldatenschulmeister
Marketenderin
Eine Aufwärterin
Soldatenjungen
Hoboisten

Vor der Stadt Pilsen in Böhmen

*Marketenderzelte, davor eine Kram- und Trödelbude. Sol-
daten von allen Farben und Feldzeichen drängen sich durch-
einander, alle Tische sind besetzt. Kroaten und Ulanen an
einem Kohlfeuer kochen, Marketenderin schenkt Wein, Soldatenjungen würfeln auf einer Trommel, im Zelt wird ge-
sungen.*

Ein Bauer und sein Sohn.

B a u e r k n a b e. Vater, es wird nicht gut ablaufen,
   Bleiben wir von dem Soldatenhaufen.
   Sind Euch gar trotzige Kameraden;
   Wenn sie uns nur nichts am Leibe schaden.
B a u e r. Ei was! Sie werden uns ja nicht fressen,
   Treiben sie's auch ein wenig vermessen.
   Siehst du? sind neue Völker herein,
   Kommen frisch von der Saal' und dem Main,
   Bringen Beut' mit, die rarsten Sachen!
   Unser ist's, wenn wir's nur listig machen.   10
   Ein Hauptmann, den ein andrer erstach,
   Ließ mir ein paar glückliche Würfel nach.
   Die will ich heut einmal probieren,
   Ob sie die alte Kraft noch führen.
   Mußt dich nur recht erbärmlich stellen,
   Sind dir gar lockere, leichte Gesellen.
   Lassen sich gerne schöntun und loben,
   So wie gewonnen, so ist's zerstoben.
   Nehmen sie uns das Unsre in Scheffeln,
   Müssen wir's wiederbekommen in Löffeln;   20
   Schlagen sie grob mit dem Schwerte drein,
   So sind wir pfiffig und treiben's fein.
       (Im Zelt wird gesungen und gejubelt.)
   Wie sie juchzen – daß Gott erbarm!
   Alles das geht von des Bauern Felle.
   Schon acht Monate legt sich der Schwarm
   Uns in die Betten und in die Ställe,
   Weit herum ist in der ganzen Aue
   Keine Feder mehr, keine Klaue,
   Daß wir für Hunger und Elend schier
   Nagen müssen die eignen Knochen.   30
   War's doch nicht ärger und krauser hier,

Als der Sachs noch im Lande tät pochen.
Und die nennen sich Kaiserliche!
B a u e r k n a b e.
Vater, da kommen ein paar aus der Küche,
Sehen nicht aus, als wär' viel zu nehmen.
B a u e r. Sind Einheimische, geborne Böhmen,
Von des Terschkas Karabinieren,
Liegen schon lang in diesen Quartieren.
Unter allen die Schlimmsten just,
Spreizen sich, werfen sich in die Brust,   40
Tun, als wenn sie zu fürnehm wären,
Mit dem Bauer ein Glas zu leeren.
Aber dort seh ich die drei scharfe Schützen
Linker Hand um ein Feuer sitzen,
Sehen mir aus wie Tiroler schier.
Emmerich, komm! An die wollen wir,
Lustige Vögel, die gerne schwatzen,
Tragen sich sauber und führen Batzen.
            (Gehen nach den Zelten.)

ZWEITER AUFTRITT

Vorige. Wachtmeister. Trompeter. Ulan.

T r o m p e t e r. Was will der Bauer da? Fort, Halunk!
B a u e r. Gnädige Herren, einen Bissen und Trunk!   50
Haben heut noch nichts Warmes gegessen.
T r o m p e t e r. Ei, das muß immer saufen und fressen.
U l a n *(mit einem Glase).*
Nichts gefrühstückt? Da trink, du Hund!
(Führt den Bauer nach dem Zelte; jene kommen vorwärts.)
W a c h t m e i s t e r *(zum Trompeter).*
Meinst du, man hab' uns ohne Grund
Heute die doppelte Löhnung gegeben,
Nur daß wir flott und lustig leben?
T r o m p e t e r. Die Herzogin kommt ja heute herein
Mit dem fürstlichen Fräulein —
W a c h t m e i s t e r.   Das ist nur der Schein.
Die Truppen, die aus fremden Landen
Sich hier vor Pilsen zusammenfanden,   60
Die sollen wir gleich an uns locken
Mit gutem Schluck und guten Brocken,

Damit sie sich gleich zufrieden finden
Und fester sich mit uns verbinden.
T r o m p e t e r. Ja, es ist wieder was im Werke!
W a c h t m e i s t e r.
  Die Herrn Generäle und Kommendanten –
T r o m p e t e r. Es ist gar nicht geheuer, wie ich merke.
W a c h t m e i s t e r.
  Die sich so dick hier zusammenfanden –
T r o m p e t e r. Sind nicht für die Langweil herbemüht.
W a c h t m e i s t e r.
  Und das Gemunkel und das Geschicke –   70
T r o m p e t e r. Ja! Ja!
W a c h t m e i s t e r.   Und von Wien die alte Perücke,
  Die man seit gestern herumgehn sieht,
  Mit der guldenen Gnadenkette,
  Das hat was zu bedeuten, ich wette.
T r o m p e t e r. Wieder so ein Spürhund, gebt nur acht,
  Der die Jagd auf den Herzog macht.
W a c h t m e i s t e r.
  Merkst du wohl? sie trauen uns nicht,
  Fürchten des Friedländers heimlich Gesicht.
  Er ist ihnen zu hoch gestiegen,
  Möchten ihn gern herunter kriegen.   80
T r o m p e t e r. Aber wir halten ihn aufrecht, wir.
  Dächten doch alle wie ich und Ihr!
W a c h t m e i s t e r. Unser Regiment und die andern vier,
  Die der Terschka anführt, des Herzogs Schwager,
  Das resoluteste Korps im Lager,
  Sind ihm ergeben und gewogen,
  Hat er uns selbst doch herangezogen.
  Alle Hauptleute setzt' er ein,
  Sind alle mit Leib und Leben sein.

DRITTER AUFTRITT

Kroat mit einem Halsschmuck. Scharfschütze folgt. Vorige.

S c h a r f s c h ü t z.
  Kroat, wo hast du das Halsband gestohlen?   90
  Handle dir's ab! dir ist's doch nichts nütz.
  Geb dir dafür das Paar Terzerolen.
K r o a t. Nix, nix! du willst mich betrügen, Schütz.

S c h a r f s c h ü t z. Nun! geb dir auch noch die blaue Mütz,
   Hab sie soeben im Glücksrad gewonnen.
   Siehst du? Sie ist zum höchsten Staat.
K r o a t *(läßt das Halsband in der Sonne spielen).*
   's ist aber von Perlen und edelm Granat.
   Schau, wie das flinkert in der Sonnen!
S c h a r f s c h ü t z *(nimmt das Halsband).*
   Die Feldflasche noch geb ich drein, *(besieht es)*
   Es ist mir nur um den schönen Schein.   100
T r o m p e t e r. Seht nur, wie der den Kroaten prellt!
   Halbpart, Schütze, so will ich schweigen.
K r o a t *(hat die Mütze aufgesetzt).*
   Deine Mütze mir wohlgefällt.
S c h a r f s c h ü t z *(winkt dem Trompeter).*
   Wir tauschen hier! Die Herrn sind Zeugen!

VIERTER AUFTRITT

Vorige. Konstabler.

K o n s t a b l e r *(tritt zum Wachtmeister).*
   Wie ist's, Bruder Karabinier?
   Werden wir uns lang noch die Hände wärmen,
   Da die Feinde schon frisch im Feld herum schwärmen?
W a c h t m e i s t e r. Tut's Ihm so eilig, Herr Konstabel?
   Die Wege sind noch nicht praktikabel.
K o n s t a b l e r. Mir nicht. Ich sitze gemächlich hier;   110
   Aber ein Eilbot' ist angekommen,
   Meldet, Regenspurg sei genommen.
T r o m p e t e r. Ei, da werden wir bald aufsitzen.
W a c h t m e i s t e r.
   Wohl gar! Um dem Bayer sein Land zu schützen?
   Der dem Fürsten so unfreund ist?
   Werden uns eben nicht sehr erhitzen.
K o n s t a b l e r. Meint Ihr? – Was Ihr nicht alles wißt!

FÜNFTER AUFTRITT

Vorige. Zwei Jäger. Dann Marketenderin, Soldatenjungen,
Schulmeister, Aufwärterin.

E r s t e r J ä g e r. Sieh! sieh!
   Da treffen wir lustige Kompanie.

T r o m p e t e r. Was für Grünröck' mögen das sein?   120
    Treten ganz schmuck und stattlich ein.
W a c h t m e i s t e r.
    Sind Holkische Jäger; die silbernen Tressen
    Holten sie sich nicht auf der Leipziger Messen.
M a r k e t e n d e r i n *(kommt und bringt Wein).*
    Glück zur Ankunft, ihr Herrn!
E r s t e r J ä g e r.   Was? der Blitz!
    Das ist ja die Gustel aus Blasewitz.
M a r k e t e n d e r i n.
    I freilich! Und Er ist wohl gar, Mußjö,
    Der lange Peter aus Itzehö?
    Der seines Vaters goldene Füchse
    Mit unserm Regiment hat durchgebracht
    Zu Glücksstadt in einer lustigen Nacht –   130
E r s t e r J ä g e r.
    Und die Feder vertauscht mit der Kugelbüchse.
M a r k e t e n d e r i n. Ei! da sind wir alte Bekannte!
E r s t e r J ä g e r.
    Und treffen uns hier im böhmischen Lande.
M a r k e t e n d e r i n.
    Heute da, Herr Vetter, und morgen dort –
    Wie einen der rauhe Kriegesbesen
    Fegt und schüttelt von Ort zu Ort;
    Bin indes weit herum gewesen.
E r s t e r J ä g e r. Will's Ihr glauben! Das stellt sich dar.
M a r k e t e n d e r i n. Bin hinauf bis nach Temeswar
    Gekommen mit den Bagagewagen,   140
    Als wir den Mansfelder täten jagen.
    Lag mit dem Friedländer vor Stralsund,
    Ging mir dorten die Wirtschaft zugrund.
    Zog mit dem Sukkurs vor Mantua,
    Kam wieder heraus mit dem Feria,
    Und mit einem spanischen Regiment
    Hab ich einen Abstecher gemacht nach Gent.
    Jetzt will ich's im böhmischen Land probieren,
    Alte Schulden einkassieren –
    Ob mir der Fürst hilft zu meinem Geld.   150
    Und das dort ist mein Marketenderzelt.
E r s t e r J ä g e r. Nun, da trifft Sie alles beisammen an!
    Doch wo hat Sie den Schottländer hingetan,
    Mit dem Sie damals herumgezogen?

Marketenderin.
   Der Spitzbub! der hat mich schön betrogen.
   Fort ist er! Mit allem davongefahren,
   Was ich mir tät am Leibe ersparen.
   Ließ mir nichts als den Schlingel da!
Soldatenjunge *(kommt gesprungen).*
   Mutter! sprichst du von meinem Papa?
Erster Jäger.
   Nun, nun! das muß der Kaiser ernähren,   160
   Die Armee sich immer muß neu gebären.
Soldatenschulmeister *(kommt).*
   Fort in die Feldschule! Marsch, ihr Buben!
Erster Jäger.
   Das fürcht' sich auch vor der engen Stuben!
Aufwärterin *(kommt).*
   Base, sie wollen fort.
Marketenderin.   Gleich! gleich!
Erster Jäger.
   Ei, wer ist denn das kleine Schelmengesichte?
Marketenderin.
   's ist meiner Schwester Kind – aus dem Reich.
Erster Jäger. Ei, also eine liebe Nichte?
                    (Marketenderin geht.)
Zweiter Jäger *(das Mädchen haltend).*
   Bleib Sie bei uns doch, artiges Kind.
Aufwärterin. Gäste dort zu bedienen sind.
   (Macht sich los und geht.)
Erster Jäger. Das Mädchen ist kein übler Bissen! –   170
   Und die Muhme! beim Element!
   Was haben die Herrn vom Regiment
   Sich um das niedliche Lärvchen gerissen! –
   Was man nicht alles für Leute kennt,
   Und wie die Zeit von dannen rennt. –
   Was werd ich noch alles erleben müssen!
   (Zum Wachtmeister und Trompeter.)
   Euch zur Gesundheit, meine Herrn! –
   Laßt uns hier auch ein Plätzchen nehmen.

SECHSTER AUFTRITT

Jäger. Wachtmeister. Trompeter.

Wachtmeister. Wir danken schön. Von Herzen gern.
    Wir rücken zu. Willkommen in Böhmen! 180
Erster Jäger.
    Ihr sitzt hier warm. Wir, in Feindes Land,
    Mußten derweil uns schlecht bequemen.
Trompeter.
    Man sollt's euch nicht ansehn, ihr seid galant.
Wachtmeister.
    Ja, ja, im Saalkreis und auch in Meißen
    Hört man euch Herrn nicht besonders preisen.
Zweiter Jäger.
    Seid mir doch still! Was will das heißen?
    Der Kroat es ganz anders trieb,
    Uns nur die Nachles' übrigblieb.
Trompeter. Ihr habt da einen saubern Spitzen
    Am Kragen, und wie euch die Hosen sitzen! 190
    Die feine Wäsche, der Federhut!
    Was das alles für Wirkung tut!
    Daß doch den Burschen das Glück soll scheinen,
    Und so was kommt nie an unser einen!
Wachtmeister.
    Dafür sind wir des Friedländers Regiment,
    Man muß uns ehren und respektieren.
Erster Jäger. Das ist für uns andre kein Kompliment,
    Wir ebensogut seinen Namen führen.
Wachtmeister.
    Ja, ihr gehört auch so zur ganzen Masse.
Erster Jäger.
    Ihr seid wohl von einer besondern Rasse? 200
    Der ganze Unterschied ist in den Röcken,
    Und ich ganz gern mag in meinem stecken.
Wachtmeister.
    Herr Jäger, ich muß Euch nur bedauern,
    Ihr lebt so draußen bei den Bauern;
    Der feine Griff und der rechte Ton,
    Das lernt sich nur um des Feldherrn Person.
Erster Jäger. Sie bekam Euch übel, die Lektion.
    Wie er räuspert und wie er spuckt,
    Das habt Ihr ihm glücklich abgeguckt;

Aber sein Genie, ich meine sein Geist,   210
Sich nicht auf der Wachparade weist.

Z w e i t e r   J ä g e r. Wetter auch! wo Ihr nach uns fragt,
Wir heißen des Friedländers wilde Jagd
Und machen dem Namen keine Schande –
Ziehen frech durch Feindes und Freundes Lande,
Querfeldein durch die Saat, durch das gelbe Korn –
Sie kennen das Holkische Jägerhorn! –
In einem Augenblick fern und nah,
Schnell wie die Sündflut, so sind wir da –
Wie die Feuerflamme bei dunkler Nacht   220
In die Häuser fähret, wenn niemand wacht –
Da hilft keine Gegenwehr, keine Flucht,
Keine Ordnung gilt mehr und keine Zucht. –
Es sträubt sich – der Krieg hat kein Erbarmen –
Das Mägdlein in unsern sennigten Armen –
Fragt nach, ich sag's nicht, um zu prahlen;
In Bayreuth, im Voigtland, in Westfalen,
Wo wir nur durchgekommen sind –
Erzählen Kinder und Kindeskind
Nach hundert und aber hundert Jahren   230
Von dem Holk noch und seinen Scharen.

W a c h t m e i s t e r.
Nun da sieht man's! Der Saus und Braus,
Macht denn der den Soldaten aus?
Das Tempo macht ihn, der Sinn und Schick,
Der Begriff, die Bedeutung, der feine Blick.

E r s t e r   J ä g e r.
Die Freiheit macht ihn! Mit Euren Fratzen!
Daß ich mit Euch soll darüber schwatzen. –
Lief ich darum aus der Schul' und der Lehre,
Daß ich die Fron und die Galeere,
Die Schreibstub' und ihre engen Wände   240
In dem Feldlager wiederfände? –
Flott will ich leben und müßiggehn,
Alle Tage was Neues sehn,
Mich dem Augenblick frisch vertrauen,
Nicht zurück, auch nicht vorwärts schauen –
Drum hab ich meine Haut dem Kaiser verhandelt,
Daß keine Sorg' mich mehr anwandelt.
Führt mich ins Feuer frisch hinein,
Über den reißenden, tiefen Rhein,

Der dritte Mann soll verloren sein; 250
Werde mich nicht lang sperren und zieren. –
Sonst muß man mich aber, ich bitte sehr,
Mit nichts weiter inkommodieren.

W a c h t m e i s t e r. Nu, nu, verlangt Ihr sonst nichts mehr?
Das ließ' sich unter dem Wams da finden.

E r s t e r J ä g e r.
Was war das nicht für ein Placken und Schinden
Bei Gustav dem Schweden, dem Leuteplager!
Der machte eine Kirch' aus seinem Lager,
Ließ Betstunde halten, des Morgens, gleich
Bei der Reveille, und beim Zapfenstreich. 260
Und wurden wir manchmal ein wenig munter,
Er kanzelt' uns selbst wohl vom Gaul herunter.

W a c h t m e i s t e r. Ja, es war ein gottesfürchtiger Herr.

E r s t e r J ä g e r. Dirnen, die ließ er gar nicht passieren,
Mußten sie gleich zur Kirche führen,
Da lief ich, konnt's nicht ertragen mehr.

W a c h t m e i s t e r. Jetzt geht's dort auch wohl anders her.

E r s t e r J ä g e r. So ritt ich hinüber zu den Ligisten,
Sie täten just gegen Magdeburg rüsten.
Ja, das war schon ein ander Ding! 270
Alles da lustiger, loser ging,
Soff und Spiel und Mädels die Menge!
Wahrhaftig, der Spaß war nicht gering,
Denn der Tilly verstand sich aufs Kommandieren.
Dem eigenen Körper war er strenge,
Dem Soldaten ließ er vieles passieren,
Und ging's nur nicht aus seiner Kassen,
Sein Spruch war: leben und leben lassen.
Aber das Glück blieb ihm nicht stet –
Seit der Leipziger Fatalität 280
Wollt' es eben nirgends mehr flecken,
Alles bei uns geriet ins Stecken;
Wo wir erschienen und pochten an,
Ward nicht gegrüßt noch aufgetan.
Wir mußten uns drücken von Ort zu Ort,
Der alte Respekt war eben fort –
Da nahm ich Handgeld von den Sachsen,
Meinte, da müßte mein Glück recht wachsen.

W a c h t m e i s t e r. Nun, da kamt Ihr ja eben recht
Zur böhmischen Beute.

Erster Jäger.   Es ging mir schlecht.   290
  Sollten da strenge Mannszucht halten,
  Durften nicht recht als Feinde walten,
  Mußten des Kaisers Schlösser bewachen,
  Viel Umständ' und Komplimente machen,
  Führten den Krieg, als wär's nur Scherz,
  Hatten für die Sach' nur ein halbes Herz,
  Wollten's mit niemand ganz verderben,
  Kurz, da war wenig Ehr zu erwerben,
  Und ich wär' bald für Ungeduld
  Wieder heimgelaufen zum Schreibepult,   300
  Wenn nicht eben auf allen Straßen
  Der Friedländer hätte werben lassen.
Wachtmeister.
  Und wie lang denkt Ihr's hier auszuhalten?
Erster Jäger. Spaßt nur! solange *der* tut walten,
  Denk ich Euch, mein Seel! an kein Entlaufen.
  Kann's der Soldat wo besser kaufen? –
  Da geht alles nach Kriegessitt',
  Hat alles 'nen großen Schnitt.
  Und der Geist, der im ganzen Korps tut leben,
  Reißet gewaltig, wie Windesweben,   310
  Auch den untersten Reiter mit.
  Da tret ich auf mit beherztem Schritt,
  Darf über den Bürger kühn wegschreiten,
  Wie der Feldherr über der Fürsten Haupt.
  Es ist hier wie in den alten Zeiten,
  Wo die Klinge noch alles tät bedeuten;
  Da gibt's nur *ein* Vergehn und Verbrechen:
  Der Ordre fürwitzig widersprechen!
  Was nicht verboten ist, ist erlaubt;
  Da fragt niemand, was einer glaubt.   320
  Es gibt nur zwei Ding' überhaupt:
  Was zur Armee gehört und nicht;
  Und nur der Fahne bin ich verpflicht'.
Wachtmeister. Jetzt gefallt Ihr mir, Jäger! Ihr sprecht
  Wie ein Friedländischer Reitersknecht.
Erster Jäger.
  Der führt 's Kommando nicht wie ein Amt,
  Wie eine Gewalt, die vom Kaiser stammt!
  Es ist ihm nicht um des Kaisers Dienst –
  Was bracht' er dem Kaiser für Gewinst?

Was hat er mit seiner großen Macht   330
Zu des Landes Schirm und Schutz vollbracht?
Ein Reich von Soldaten wollt' er gründen,
Die Welt anstecken und entzünden,
Sich alles vermessen und unterwinden –

T r o m p e t e r. Still! Wer wird solche Worte wagen!

E r s t e r   J ä g e r. Was ich denke, das darf ich sagen.
Das Wort ist frei, sagt der General.

W a c h t m e i s t e r. So sagt er, ich hört's wohl einigemal,
Ich stand dabei. »Das Wort ist frei,
Die Tat ist stumm, der Gehorsam blind«,   340
Dies urkundlich seine Worte sind.

E r s t e r   J ä g e r.
Ob's just seine Wort' sind, weiß ich nicht;
Aber die Sach' ist so, wie er spricht.

Z w e i t e r   J ä g e r.
Ihm schlägt das Kriegsglück nimmer um,
Wie's wohl bei andern pflegt zu geschehen.
Der Tilly überlebte seinen Ruhm.
Doch unter des Friedländers Kriegspanieren
Da bin ich gewiß zu viktorisieren.
Er bannet das Glück, es muß ihm stehen.
Wer unter seinem Zeichen tut fechten,   350
Der steht unter besondern Mächten.
Denn das weiß ja die ganze Welt,
Daß der Friedländer einen Teufel
Aus der Hölle im Solde hält.

W a c h t m e i s t e r.
Ja, daß er fest ist, das ist kein Zweifel.
Denn in der blut'gen Affär' bei Lützen
Ritt er euch unter des Feuers Blitzen
Auf und nieder mit kühlem Blut.
Durchlöchert von Kugeln war sein Hut,
Durch den Stiefel und Koller fuhren   360
Die Ballen, man sah die deutlichen Spuren;
Konnt' ihm keine die Haut nur ritzen,
Weil ihn die höllische Salbe tät schützen.

E r s t e r   J ä g e r. Was wollt Ihr da für Wunder bringen!
Er trägt ein Koller von Elendshaut,
Das keine Kugel kann durchdringen.

W a c h t m e i s t e r. Nein, es ist die Salbe von Hexenkraut,
Unter Zaubersprüchen gekocht und gebraut.

Trompeter. Es geht nicht zu mit rechten Dingen!
Wachtmeister.
    Sie sagen, er les' auch in den Sternen   370
    Die künftigen Dinge, die nahen und fernen;
    Ich weiß aber besser, wie's damit ist.
    Ein graues Männlein pflegt bei nächtlicher Frist
    Durch verschlossene Türen zu ihm einzugehen;
    Die Schildwachen haben's oft angeschrien,
    Und immer was Großes ist drauf geschehen,
    Wenn je das graue Röcklein kam und erschien.
Zweiter Jäger. Ja, er hat sich dem Teufel übergeben,
    Drum führen wir auch das lustige Leben.

SIEBENTER AUFTRITT

Vorige. Ein Rekrut. Ein Bürger. Dragoner.

Rekrut *(tritt aus dem Zelt, eine Blechhaube auf dem
    Kopfe, eine Weinflasche in der Hand).*
    Grüß den Vater und des Vaters Brüder!   380
    Bin Soldat, komme nimmer wieder.
Erster Jäger. Sieh, da bringen sie einen Neuen!
Bürger. Oh! gib acht, Franz! Es wird dich reuen.
Rekrut *(singt).*
           Trommeln und Pfeifen,
           Kriegrischer Klang!
           Wandern und streifen
           Die Welt entlang,
           Rosse gelenkt,
           Mutig geschwenkt,
           Schwert an der Seite,   390
           Frisch in die Weite,
           Flüchtig und flink,
           Frei, wie der Fink
           Auf Sträuchern und Bäumen,
           In Himmels Räumen!
           Heisa! ich folge des Friedländers Fahn!
Zweiter Jäger. Seht mir! das ist ein wackrer Kumpan!
           (Sie begrüßen ihn.)
Bürger. Oh! laßt ihn! Er ist guter Leute Kind.
Erster Jäger.
    Wir auch nicht auf der Straße gefunden sind.

B ü r g e r. Ich sag euch, er hat Vermögen und Mittel.   400
   Fühlt her, das feine Tüchlein am Kittel!
T r o m p e t e r. Des Kaisers Rock ist der höchste Titel.
B ü r g e r. Er erbt eine kleine Mützenfabrik.
Z w e i t e r   J ä g e r.
   Des Menschen Wille, das ist sein Glück.
B ü r g e r. Von der Großmutter einen Kram und Laden.
E r s t e r   J ä g e r. Pfui! wer handelt mit Schwefelfaden!
B ü r g e r. Einen Weinschank dazu von seiner Paten,
   Ein Gewölbe mit zwanzig Stückfaß Wein.
T r o m p e t e r. Den teilt er mit seinen Kameraden.
Z w e i t e r   J ä g e r.
   Hör du! Wir müssen Zeltbrüder sein.   410
B ü r g e r. Eine Braut läßt er sitzen in Tränen und Schmerz.
E r s t e r   J ä g e r. Recht so, da zeigt er ein eisernes Herz.
B ü r g e r. Die Großmutter wird für Kummer sterben.
Z w e i t e r   J ä g e r.
   Desto besser, so kann er sie gleich beerben.
W a c h t m e i s t e r *(tritt gravitätisch herzu, dem Rekru-*
   ten die Hand auf die Blechhaube legend).
   Sieht Er! das hat Er wohl erwogen.
   Einen neuen Menschen hat Er angezogen,
   Mit dem Helm da und Wehrgehäng'
   Schließt Er sich an eine würdige Meng'.
   Muß ein fürnehmer Geist jetzt in Ihn fahren –
E r s t e r   J ä g e r.
   Muß besonders das Geld nicht sparen.   420
W a c h t m e i s t e r. Auf der Fortuna ihrem Schiff
   Ist Er zu segeln im Begriff;
   Die Weltkugel liegt vor Ihm offen,
   Wer nichts waget, der darf nichts hoffen.
   Es treibt sich der Bürgersmann, träg und dumm,
   Wie des Färbers Gaul, nur im Ring herum.
   Aus dem Soldaten kann alles werden,
   Denn Krieg ist jetzt die Losung auf Erden.
   Seh' Er mal *mich* an! In diesem Rock
   Führ ich, sieht Er, des Kaisers Stock.   430
   Alles Weltregiment, muß Er wissen,
   Von dem Stock hat ausgehen müssen;
   Und das Zepter in Königs Hand
   Ist ein Stock nur, das ist bekannt.
   Und wer's zum Korporal erst hat gebracht,

 Der steht auf der Leiter zur höchsten Macht,
 Und so weit kann Er's auch noch treiben.
E r s t e r   J ä g e r. Wenn Er nur lesen kann und schreiben.
W a c h t m e i s t e r.
 Da will ich Ihm gleich ein Exempel geben,
 Ich tät's vor kurzem selbst erleben.   440
 Da ist der Chef vom Dragonerkorps,
 Heißt Buttler, wir standen als Gemeine
 Noch vor dreißig Jahren bei Köln am Rheine,
 Jetzt nennt man ihn Generalmajor.
 Das macht, er tät sich baß hervor,
 Tät die Welt mit seinem Kriegsruhm füllen,
 Doch meine Verdienste, die blieben im stillen.
 Ja, und der Friedländer selbst, sieht Er,
 Unser Hauptmann und hochgebietender Herr,
 Der jetzt alles vermag und kann,   450
 War erst nur ein schlichter Edelmann,
 Und weil er der Kriegsgöttin sich vertraut,
 Hat er sich diese Größ' erbaut,
 Ist nach dem Kaiser der nächste Mann,
 Und wer weiß, was er noch erreicht und ermißt, *(pfiffig)*
 Denn noch nicht aller Tage Abend ist.
E r s t e r   J ä g e r.
 Ja, er fing's klein an und ist jetzt so groß,
 Denn zu Altdorf, im Studentenkragen,
 Trieb er's, mit Permiß zu sagen,
 Ein wenig locker und purschikos,   460
 Hätte seinen Famulus bald erschlagen.
 Wollten ihn drauf die Nürnberger Herren
 Mir nichts, dir nichts ins Karzer sperren;
 's war just ein neugebautes Nest,
 Der erste Bewohner sollt' es taufen.
 Aber wie fängt er's an? Er läßt
 Weislich den Pudel voran erst laufen.
 Nach dem Hunde nennt sich's bis diesen Tag;
 Ein rechter Kerl sich dran spiegeln mag.
 Unter des Herrn großen Taten allen   470
 Hat mir das Stückchen besonders gefallen.
(Das Mädchen hat unterdessen aufgewartet; der zweite
Jäger schäkert mit ihr.)
D r a g o n e r *(tritt dazwischen).*
 Kamerad, laß' Er das unterwegen.

Z w e i t e r J ä g e r.
  Wer, Henker! hat sich da dreinzulegen!
D r a g o n e r. Ich will's Ihm nur sagen, die Dirn' ist mein.
E r s t e r J ä g e r. Der will ein Schätzchen für sich allein!
  Dragoner, ist Er bei Troste! Sag' Er!
Z w e i t e r J ä g e r. Will was Apartes haben im Lager.
  Einer Dirne schön Gesicht
  Muß allgemein sein, wie 's Sonnenlicht! *(Küßt sie.)*
D r a g o n e r *(reißt sie weg).*
  Ich sag's noch einmal, das leid ich nicht.   480
E r s t e r J ä g e r. Lustig! lustig! da kommen die Prager!
Z w e i t e r J ä g e r. Sucht Er Händel? Ich bin dabei.
W a c h t m e i s t e r. Fried', ihr Herren! Ein Kuß ist frei!

ACHTER AUFTRITT

*Bergknappen treten auf und spielen einen Walzer, erst lang-
sam und dann immer geschwinder. Der erste Jäger tanzt mit
der Aufwärterin, die Marketenderin mit dem Rekruten; das
Mädchen entspringt, der Jäger hinter ihr her und bekommt
den Kapuziner zu fassen, der eben hereintritt.*

K a p u z i n e r. Heisa, juchheia! Dudeldumdei!
  Das geht ja hoch her. Bin auch dabei!
  Ist das eine Armee von Christen?
  Sind wir Türken? sind wir Antibaptisten?
  Treibt man so mit dem Sonntag Spott,
  Als hätte der allmächtige Gott
  Das Chiragra, könnte nicht dreinschlagen?   490
  Ist's jetzt Zeit zu Saufgelagen?
  Zu Banketten und Feiertagen?
  Quid hic statis otiosi?
  Was steht ihr und legt die Hände in Schoß?
  Die Kriegsfuri ist an der Donau los,
  Das Bollwerk des Bayerlands ist gefallen,
  Regenspurg ist in des Feindes Krallen,
  Und die Armee liegt hier in Böhmen,
  Pflegt den Bauch, läßt sich's wenig grämen,
  Kümmert sich mehr um den Krug als den Krieg,   500
  Wetzt lieber den Schnabel als den Sabel,
  Hetzt sich lieber herum mit der Dirn',
  Frißt den Ochsen lieber als den Oxenstirn.

Die Christenheit trauert in Sack und Asche,
Der Soldat füllt sich nur die Tasche.
Es ist eine Zeit der Tränen und Not,
Am Himmel geschehen Zeichen und Wunder,
Und aus den Wolken, blutigrot,
Hängt der Herrgott den Kriegsmantel runter.
Den Kometen steckt er wie eine Rute   510
Drohend am Himmelsfenster aus,
Die ganze Welt ist ein Klagehaus,
Die Arche der Kirche schwimmt in Blute,
Und das römische *Reich* – daß Gott erbarm!
Sollte jetzt heißen römisch *Arm*,
Der *Rheinstrom* ist worden zu einem *Peinstrom*,
Die *Klöster* sind ausgenommene *Nester*,
Die *Bistümer* sind verwandelt in *Wüsttümer*,
Die *Abteien* und die *Stifter*
Sind nun *Raubteien* und *Diebesklüfter*,   520
Und alle die gesegneten deutschen *Länder*
Sind verkehrt worden in *Elender* –
Woher kommt das? das will ich euch verkünden:
Das schreibt sich her von euern Lastern und Sünden,
Von dem Greuel und Heidenleben,
Dem sich Offizier und Soldaten ergeben.
Denn die Sünd' ist der Magnetenstein,
Der das Eisen ziehet ins Land herein.
Auf das Unrecht, da folgt das Übel,
Wie die Trän' auf den herben Zwiebel,   530
Hinter dem U kömmt gleich das Weh,
Das ist die Ordnung im ABC.
    Ubi erit victoriae spes,
Si offenditur Deus? Wie soll man siegen,
Wenn man die Predigt schwänzt und die Meß',
Nichts tut, als in den Weinhäusern liegen?
Die Frau in dem Evangelium
Fand den verlornen Groschen wieder,
Der Saul seines Vaters Esel wieder,
Der Joseph seine saubern Brüder;   540
Aber wer bei den Soldaten sucht
Die Furcht Gottes und die gute Zucht
Und die Scham, der wird nicht viel finden,
Tät' er auch hundert Laternen anzünden.
Zu dem Prediger in der Wüsten,

Wie wir lesen im Evangelisten,
Kamen auch die Soldaten gelaufen,
Taten Buß' und ließen sich taufen,
Fragten ihn: Quid faciemus nos?
Wie machen wir's, daß wir kommen in Abrahams Schoß?
Et ait illis, und er sagt: 551
Neminem concutiatis,
Wenn ihr niemanden schindet und plackt;
Neque calumniam faciatis,
Niemand verlästert, auf niemand lügt.
Contenti estote, euch begnügt,
Stipendiis vestris, mit eurer Löhnung
Und verflucht jede böse Angewöhnung.
Es ist ein Gebot: Du sollt den Namen
Deines Herrgotts nicht eitel auskramen.   560
Und wo hört man mehr blasphemieren
Als hier in den Friedländischen Kriegsquartieren?
Wenn man für jeden Donner und Blitz,
Den ihr losbrennt mit eurer Zungenspitz',
Die Glocken müßt' läuten im Land umher,
Es wär' bald kein Mesner zu finden mehr.
Und wenn euch für jedes böse Gebet,
Das aus eurem ungewaschnen Munde geht,
Ein Härlein ausging' aus eurem Schopf,
Über Nacht wär' er geschoren glatt,   570
Und wär' er so dick wie Absalons Zopf.
Der Josua war doch auch ein Soldat,
König David erschlug den Goliath,
Und wo steht denn geschrieben zu lesen,
Daß sie solche Fluchmäuler sind gewesen?
Muß man den Mund doch, ich sollte meinen,
Nicht weiter aufmachen zu einem Helf Gott!
Als zu einem Kreuz Sackerlot!
Aber wessen das Gefäß ist gefüllt,
Davon es sprudelt und überquillt.   580
    Wieder ein Gebot ist: Du sollt nicht stehlen.
Ja, das befolgt ihr nach dem Wort,
Denn ihr tragt alles offen fort;
Vor euren Klauen und Geiersgriffen,
Vor euren Praktiken und bösen Kniffen
Ist das Geld nicht geborgen in der Truh',
Das Kalb nicht sicher in der Kuh,

Ihr nehmt das Ei und das Huhn dazu.
Was sagt der Prediger? Contenti estote,
Begnügt euch mit eurem Kommißbrote.   590
Aber wie soll man die Knechte loben,
Kömmt doch das Ärgernis von oben!
Wie die Glieder, so auch das Haupt!
Weiß doch niemand, an wen *der* glaubt!

Erster Jäger.
    Herr Pfaff! Uns Soldaten mag Er schimpfen,
    Den Feldherrn soll Er uns nicht verunglimpfen.

Kapuziner. Ne custodias gregem meam!
    Das ist so ein Ahab und Jerobeam,
    Der die Völker von der wahren Lehren
    Zu falschen Götzen tut verkehren.   600

Trompeter und Rekrut.
    Laß' Er uns das nicht zweimal hören!

Kapuziner. So ein Bramarbas und Eisenfresser,
    Will einnehmen alle festen Schlösser.
    Rühmte sich mit seinem gottlosen Mund,
    Er müsse haben die Stadt Stralsund,
    Und wär' sie mit Ketten an den Himmel geschlossen.
    Hat aber sein Pulver umsonst verschossen.

Trompeter. Stopft ihm keiner sein Lästermaul?

Kapuziner. So ein Teufelsbeschwörer und König Saul,
    So ein Jehu und Holofern,   610
    Verleugnet wie Petrus seinen Meister und Herrn,
    Drum kann er den Hahn nicht hören krähn –

Beide Jäger. Pfaffe, jetzt ist's um dich geschehn!

Kapuziner. So ein listiger Fuchs Herodes –

Trompeter und beide Jäger (*auf ihn eindrin-
    gend*). Schweig stille! Du bist des Todes.

Kroaten (*legen sich drein*).
    Bleib da, Pfäfflein, fürcht dich nit,
    Sag dein Sprüchel und teil's uns mit.

Kapuziner (*schreit lauter*).
    So ein hochmütiger Nebukadnezer,
    So ein Sündenvater und muffiger Ketzer,
    Läßt sich nennen den *Wallenstein*,   620
    Ja freilich ist er uns *allen* ein *Stein*
    Des Anstoßes und Ärgernisses,
    Und solang der Kaiser diesen Friedeland
    Läßt walten, so wird nicht Fried' im Land.

*(Er hat nach und nach bei den letzten Worten, die er mit
erhobener Stimme spricht, seinen Rückzug genommen, indem die Kroaten die übrigen Soldaten von ihm abwehren.)*

NEUNTER AUFTRITT

Vorige ohne den Kapuziner.

E r s t e r J ä g e r *(zum Wachtmeister).*
    Sagt mir! Was meint' er mit dem Göckelhahn,
    Den der Feldherr nicht krähen hören kann?
    Es war wohl nur so gesagt ihm zum Schimpf und Hohne?
W a c h t m e i s t e r.
    Da will ich Euch dienen! Es ist nicht ganz ohne!
    Der Feldherr ist wundersam geboren,
    Besonders hat er gar kitzlige Ohren.   630
    Kann die Katze nicht hören mauen,
    Und wenn der Hahn kräht, so macht's ihm Grauen.
E r s t e r J ä g e r. Das hat er mit dem Löwen gemein.
W a c h t m e i s t e r. Muß alles mausstill um ihn sein.
    Den Befehl haben alle Wachen,
    Denn er denkt gar zu tiefe Sachen.
S t i m m e n *(im Zelt. Auflauf).*
    Greift ihn, den Schelm! Schlagt zu! Schlagt zu.
D e s B a u e r n S t i m m e. Hilfe! Barmherzigkeit!
A n d r e S t i m m e n.   Friede! Ruh!
E r s t e r J ä g e r. Hol' mich der Teufel! Da setzt's Hiebe.
Z w e i t e r J ä g e r. Da muß ich dabei sein!
                    (Laufen ins Zelt.)
M a r k e t e n d e r i n *(kommt heraus).*
                              Schelmen und Diebe! 640
T r o m p e t e r. Frau Wirtin, was setzt Euch so in Eifer?
M a r k e t e n d e r i n.
    Der Lump! der Spitzbub! der Straßenläufer!
    Das muß mir in meinem Zelt passieren!
    Es beschimpft mich bei allen Herrn Offizieren.
W a c h t m e i s t e r. Bäschen, was gibt's denn?
M a r k e t e n d e r i n.   Was wird's geben?
    Da erwischten sie einen Bauern eben,
    Der falsche Würfel tät bei sich haben.
T r o m p e t e r. Sie bringen ihn hier mit seinem Knaben.

ZEHNTER AUFTRITT

Soldaten bringen den Bauer geschleppt.

Erster Jäger. Der muß baumeln!
Scharfschützen und Dragoner.
                              Zum Profoß! zum Profoß!
Wachtmeister.
  Das Mandat ist noch kürzlich ausgegangen.   650
Marketenderin. In einer Stunde seh ich ihn hangen!
Wachtmeister. Böses Gewerbe bringt bösen Lohn.
Erster Arkebusier *(zum andern).*
  Das kommt von der Desperation.
  Denn seht! erst tut man sie ruinieren,
  Das heißt sie zum Stehlen selbst verführen.
Trompeter.
  Was? was? Ihr red't ihm das Wort noch gar?
  Dem Hunde! tut Euch der Teufel plagen?
Erster Arkebusier.
  Der Bauer ist auch ein Mensch – sozusagen.
Erster Jäger *(zum Trompeter).*
  Laß sie gehen! sind Tiefenbacher,
  Gevatter Schneider und Handschuhmacher!   660
  Lagen in Garnison zu Brieg,
  Wissen viel, was der Brauch ist im Krieg.

EILFTER AUFTRITT

Vorige. Kürassiere.

Erster Kürassier.
  Friede! Was gibt's mit dem Bauer da?
Erster Scharfschütz.
  's ist ein Schelm, hat im Spiel betrogen!
Erster Kürassier. Hat er dich betrogen etwa?
Erster Scharfschütz.
  Ja, und hat mich rein ausgezogen.
Erster Kürassier.
  Wie? du bist ein Friedländischer Mann,
  Kannst dich so wegwerfen und blamieren,
  Mit einem Bauer dein Glück probieren?
  Der laufe, was er laufen kann.   670
    (Bauer entwischt, die andern treten zusammen.)

Erster Arkebusier.
  Der macht kurze Arbeit, ist resolut,
  Das ist mit solchem Volke gut.
  Was ist's für einer? Es ist kein Böhm'.
Marketenderin. 's ist ein Wallon'! Respekt vor dem!
  Von des Pappenheims Kürassieren.
Erster Dragoner *(tritt dazu)*.
  Der Piccolomini, der junge, tut sie jetzt führen.
  Den haben sie sich aus eigner Macht
  Zum Oberst gesetzt in der Lützner Schlacht,
  Als der Pappenheim umgekommen.
Erster Arkebusier.
  Haben sie sich so was 'rausgenommen?   680
Erster Dragoner. Dies Regiment hat was voraus,
  Es war immer voran bei jedem Strauß.
  Darf auch seine eigene Justiz ausüben,
  Und der Friedländer tut's besonders lieben.
Erster Kürassier *(zum andern)*.
  Ist's auch gewiß? Wer bracht' es aus?
Zweiter Kürassier.
  Ich hab's aus des Obersts eigenem Munde.
Erster Kürassier.
  Was Teufel! Wir sind nicht ihre Hunde.
Erster Jäger. Was haben die da? sind voller Gift.
Zweiter Jäger.
  Ist's was, ihr Herrn, das uns mitbetrifft?
Erster Kürassier.
  Es hat sich keiner drüber zu freuen.   690
                  (Soldaten treten herzu.)
  Sie wollen uns in die Niederland' leihen;
  Kürassiere, Jäger, reitende Schützen,
  Sollen achttausend Mann aufsitzen.
Marketenderin.
  Was? was? da sollen wir wieder wandern?
  Bin erst seit gestern zurück aus Flandern.
Zweiter Kürassier *(zu den Dragonern)*.
  Ihr Buttlerischen sollt auch mitreiten.
Erster Kürassier. Und absonderlich wir Wallonen.
Marketenderin.
  Ei, das sind ja die allerbesten Schwadronen!
Erster Kürassier.
  Den aus Mailand sollen wir hinbegleiten.

Erster Jäger. Den Infanten! Das ist ja kurios!   700
Zweiter Jäger. Den Pfaffen! Da geht der Teufel los.
Erster Kürassier.
    Wir sollen von dem Friedländer lassen,
    Der den Soldaten so nobel hält,
    Mit dem Spanier ziehen zu Feld,
    Dem Knauser, den wir von Herzen hassen?
    Nein, das geht nicht! Wir laufen fort.
Trompeter. Was, zum Henker! sollen wir dort?
    Dem Kaiser verkauften wir unser Blut
    Und nicht dem hispanischen roten Hut.
Zweiter Jäger.
    Auf des Friedländers Wort und Kredit allein   710
    Haben wir Reitersdienst genommen;
    Wär's nicht aus Lieb' für den Wallenstein,
    Der Ferdinand hätt' uns nimmer bekommen.
Erster Dragoner.
    Tät uns der Friedländer nicht formieren?
    Seine Fortuna soll uns führen.
Wachtmeister. Laßt euch bedeuten, hört mich an.
    Mit dem Gered' da ist's nicht getan.
    Ich sehe weiter als ihr alle,
    Dahinter steckt eine böse Falle.
Erster Jäger. Hört das Befehlbuch! Stille doch!   720
Wachtmeister. Bäschen Gustel, füllt mir erst noch
    Ein Gläschen Melnecker für den Magen,
    Alsdann will ich euch meine Gedanken sagen.
Marketenderin *(ihm einschenkend)*.
    Hier, Herr Wachtmeister! Er macht mir Schrecken.
    Es wird doch nichts Böses dahinterstecken!
Wachtmeister. Seht, ihr Herrn, das ist all recht gut,
    Daß jeder das Nächste bedenken tut;
    Aber, pflegt der Feldherr zu sagen,
    Man muß immer das Ganze überschlagen.
    Wir nennen uns alle des Friedländers Truppen.   730
    Der Bürger, er nimmt uns ins Quartier
    Und pflegt uns und kocht uns warme Suppen.
    Der Bauer muß den Gaul und den Stier
    Vorspannen an unsre Bagagewagen,
    Vergebens wird er sich drüber beklagen.
    Läßt sich ein Gefreiter mit sieben Mann
    In einem Dorfe von weitem spüren,

Er ist die Obrigkeit drin und kann
Nach Lust drin walten und kommandieren.
Zum Henker! Sie mögen uns alle nicht   740
Und sähen des Teufels sein Angesicht
Weit lieber als unsre gelben Kolletter.
Warum schmeißen sie uns nicht aus dem Land? Potz
                                        Wetter!
Sind uns an Anzahl doch überlegen,
Führen den Knittel, wie wir den Degen.
Warum dürfen wir ihrer lachen?
Weil wir einen furchtbaren Haufen ausmachen!
Erster Jäger. Ja, ja, im Ganzen, da sitzt die Macht!
Der Friedländer hat das wohl erfahren,
Wie er dem Kaiser vor acht – neun Jahren   750
Die große Armee zusammenbracht.
Sie wollten erst nur von zwölftausend hören:
Die, sagt' er, die kann ich nicht ernähren;
Aber ich will sechzigtausend werben,
Die, weiß ich, werden nicht Hungers sterben.
Und so wurden wir Wallensteiner.
Wachtmeister. Zum Exempel, da hack' mir einer
Von den fünf Fingern, die ich hab,
Hier an der Rechten den kleinen ab.
Habt ihr mir den Finger bloß genommen?   760
Nein, beim Kuckuck! ich bin um die Hand gekommen!
's ist nur ein Stumpf und nichts mehr wert.
Ja, und diese achttausend Pferd,
Die man nach Flandern jetzt begehrt,
Sind von der Armee nur der kleine Finger.
Läßt man sie ziehn, ihr tröstet euch,
Wir seien um ein Fünftel nur geringer.
Prost Mahlzeit! da fällt das Ganze gleich.
Die Furcht ist weg, der Respekt, die Scheu,
Da schwillt dem Bauer der Kamm aufs neu,   770
Da schreiben sie uns in der Wiener Kanzlei
Den Quartier- und den Küchenzettel,
Und es ist wieder der alte Bettel.
Ja, und wie lang wird's stehen an,
So nehmen sie uns auch noch den Feldhauptmann –
Sie sind ihm am Hofe so nicht grün,
Nun, da fällt eben alles hin!
Wer hilft uns dann wohl zu unserm Geld?

    Sorgt, daß man uns die Kontrakte hält?
    Wer hat den Nachdruck und hat den Verstand,   780
    Den schnellen Witz und die feste Hand,
    Diese gestückelten Heeresmassen
    Zusammenzufügen und zu passen?
    Zum Exempel – Dragoner – sprich:
    Aus welchem Vaterland schreibst du dich?
Erster Dragoner. Weit aus Hibernien her komm ich.
Wachtmeister *(zu den beiden Kürassieren).*
    Ihr, das weiß ich, seid ein Wallon',
    Ihr ein Welscher. Man hört's am Ton.
Erster Kürassier.
    Wer ich bin? ich hab's nie können erfahren,
    Sie stahlen mich schon in jungen Jahren.   790
Wachtmeister. Und du bist auch nicht aus der Näh'?
Erster Arkebusier.
    Ich bin von Buchau am Federsee.
Wachtmeister. Und Ihr, Nachbar?
Zweiter Arkebusier.   Aus der Schwitz.
Wachtmeister *(zum zweiten Jäger).*
    Was für ein Landsmann bist du, Jäger?
Zweiter Jäger. Hinter Wismar ist meiner Eltern Sitz.
Wachtmeister *(auf den Trompeter zeigend).*
    Und der da und ich, wir sind aus Eger.
    Nun! und wer merkt uns das nun an,
    Daß wir aus Süden und aus Norden
    Zusammengeschneit und -geblasen worden?
    Sehn wir nicht aus wie aus *einem* Span?   800
    Stehn wir nicht gegen den Feind geschlossen,
    Recht wie zusammengeleimt und -gegossen?
    Greifen wir nicht wie ein Mühlwerk flink
    Ineinander, auf Wort und Wink?
    Wer hat uns so zusammengeschmiedet,
    Daß ihr uns nimmer unterschiedet?
    Kein andrer sonst als der Wallenstein!
Erster Jäger. Das fiel mir mein Lebtag nimmer ein,
    Daß wir so gut zusammen passen;
    Hab mich immer nur gehenlassen.   810
Erster Kürassier.
    Dem Wachtmeister muß ich Beifall geben.
    Dem Kriegsstand kämen sie gern ans Leben;
    Den Soldaten wollen sie nieder halten,

Daß sie alleine können walten.
's ist eine Verschwörung, ein Komplott.

M a r k e t e n d e r i n. Eine Verschwörung? du lieber Gott!
Da können die Herren ja nicht mehr zahlen.

W a c h t m e i s t e r. Freilich! Es wird alles bankerott.
Viele von den Hauptleuten und Generalen
Stellten aus ihren eignen Kassen   820
Die Regimenter, wollten sich sehen lassen,
Täten sich angreifen über Vermögen,
Dachten, es bring' ihnen großen Segen.
Und die alle sind um ihr Geld,
Wenn das Haupt, wenn der Herzog fällt.

M a r k e t e n d e r i n.
Ach! du mein Heiland! das bringt mir Fluch!
Die halbe Armee steht in meinem Buch.
Der Graf Isolani, der böse Zahler,
Restiert mir allein noch zweihundert Taler.

E r s t e r K ü r a s s i e r.
Was ist da zu machen, Kameraden?   830
Es ist nur eins, was uns retten kann:
Verbunden können uns nichts schaden,
Wir stehen alle für *einen* Mann.
Laßt sie schicken und ordenanzen,
Wir wollen uns fest in Böhmen pflanzen,
Wir geben nicht nach und marschieren nicht,
Der Soldat jetzt um seine Ehre ficht.

Z w e i t e r J ä g e r.
Wir lassen uns nicht so im Land rumführen!
Sie sollen kommen und sollen's probieren!

E r s t e r A r k e b u s i e r.
Liebe Herren, bedenkt's mit Fleiß,   840
's ist des Kaisers Will' und Geheiß.

T r o m p e t e r. Werden uns viel um den Kaiser scheren.

E r s t e r A r k e b u s i e r.
Laß' Er mich das nicht zweimal hören.

T r o m p e t e r. 's ist aber doch so, wie ich gesagt.

E r s t e r J ä g e r. Ja, ja, ich hört's immer so erzählen,
Der Friedländer hab' hier allein zu befehlen.

W a c h t m e i s t e r.
So ist's auch, das ist sein Beding und Pakt.
Absolute Gewalt hat er, müßt ihr wissen,
Krieg zu führen und Frieden zu schließen,

    Geld und Gut kann er konfiszieren,   850
    Kann henken lassen und pardonieren,
    Offiziere kann er und Obersten machen,
    Kurz, er hat alle die Ehrensachen.
    Das hat er vom Kaiser eigenhändig.

Erster Arkebusier.
    Der Herzog ist gewaltig und hochverständig;
    Aber er bleibt doch, schlecht und recht,
    Wie wir alle, des Kaisers Knecht.

Wachtmeister.
    Nicht wie wir alle! das wißt Ihr schlecht.
    Er ist ein unmittelbarer und freier
    Des Reiches Fürst, so gut wie der Bayer.   860
    Sah ich's etwa nicht selbst mit an,
    Als ich zu Brandeis die Wach' getan,
    Wie ihm der Kaiser selbsten erlaubt,
    Zu bedecken sein fürstlich Haupt?

Erster Arkebusier.
    Das war für das Mecklenburger Land,
    Das ihm der Kaiser versetzt als Pfand.

Erster Jäger *(zum Wachtmeister).*
    Wie? In des Kaisers Gegenwart?
    Das ist doch seltsam und sehr apart!

Wachtmeister *(fährt in die Tasche).*
    Wollt ihr mein Wort nicht gelten lassen,
    Sollt ihr's mit Händen greifen und fassen.   870
    (Eine Münze zeigend.)
    Wes ist das Bild und Gepräg'?

Marketenderin.   Weist her!
    Ei, das ist ja ein Wallensteiner!

Wachtmeister. Na! da habt ihr's, was wollt ihr mehr?
    Ist er nicht Fürst so gut als einer?
    Schlägt er nicht Geld, wie der Ferdinand?
    Hat er nicht eigenes Volk und Land?
    Eine Durchlauchtigkeit läßt er sich nennen!
    Drum muß er Soldaten halten können.

Erster Arkebusier.
    Das disputiert ihm niemand nicht.
    Wir aber stehn in des Kaisers Pflicht,   880
    Und wer uns bezahlt, das ist der Kaiser.

Trompeter. Das leugn' ich Ihm, sieht Er, ins Angesicht.
    Wer uns *nicht* zahlt, *das* ist der Kaiser!

Hat man uns nicht seit vierzig Wochen
Die Löhnung immer umsonst versprochen?

Erster Arkebusier.

Ei was! das steht ja in guten Händen.

Erster Kürassier.

Fried', ihr Herrn! Wollt ihr mit Schlägen enden?
Ist denn darüber Zank und Zwist,
Ob der Kaiser unser Gebieter ist?
Eben drum, weil wir gern in Ehren   890
Seine tüchtigen Reiter wären,
Wollen wir nicht seine Herde sein,
Wollen uns nicht von den Pfaffen und Schranzen
Herum lassen führen und verpflanzen.
Sagt selber! Kommt's nicht dem Herrn zugut,
Wenn sein Kriegsvolk was auf sich halten tut?
Wer anders macht ihn als seine Soldaten
Zu dem großmächtigen Potentaten?
Verschafft und bewahrt ihm weit und breit
Das große Wort in der Christenheit?   900
Mögen sich die sein Joch aufladen,
Die mitessen von seinen Gnaden,
Die mit ihm tafeln im goldnen Zimmer.
Wir, wir haben von seinem Glanz und Schimmer
Nichts als die Müh' und als die Schmerzen
Und wofür wir uns halten in unserm Herzen.

Zweiter Jäger.

Alle großen Tyrannen und Kaiser
Hielten's so und waren viel weiser.
Alles andre täten sie hudeln und schänden,
Den Soldaten trugen sie auf den Händen.   910

Erster Kürassier.

Der Soldat muß sich können fühlen.
Wer's nicht edel und nobel treibt,
Lieber weit von dem Handwerk bleibt.
Soll ich frisch um mein Leben spielen,
Muß mir noch etwas gelten mehr.
Oder ich lasse mich eben schlachten
Wie der Kroat – und muß mich verachten.

Beide Jäger. Ja, übers Leben noch geht die Ehr'!

Erster Kürassier.

Das Schwert ist kein Spaten, kein Pflug,
Wer damit ackern wollte, wäre nicht klug.   920

Es grünt uns kein Halm, es wächst keine Saat,
Ohne Heimat muß der Soldat
Auf dem Erdboden flüchtig schwärmen,
Darf sich an eignem Herd nicht wärmen,
Er muß vorbei an der Städte Glanz,
An des Dörfleins lustigen, grünen Auen,
Die Traubenlese, den Erntekranz
Muß er wandernd von ferne schauen.
Sagt mir, was hat er an Gut und Wert,
Wenn der Soldat sich nicht selber ehrt?   930
Etwas muß er sein eigen nennen,
Oder der Mensch wird morden und brennen.

Erster Arkebusier.
    Das weiß Gott, 's ist ein elend Leben!

Erster Kürassier.
    Möcht's doch nicht für ein andres geben.
    Seht, ich bin weit in der Welt rumkommen,
    Hab alles in Erfahrung genommen.
    Hab der hispanischen Monarchie
    Gedient und der Republik Venedig
    Und dem Königreich Napoli,
    Aber das Glück war mir nirgends gnädig.   940
    Hab den Kaufmann gesehn und den Ritter
    Und den Handwerksmann und den Jesuiter,
    Und kein Rock hat mir unter allen
    Wie mein eisernes Wams gefallen.

Erster Arkebusier.
    Ne! das kann ich eben nicht sagen.

Erster Kürassier.
    Will einer in der Welt was erjagen,
    Mag er sich rühren und mag sich plagen;
    Will er zu hohen Ehren und Würden,
    Bück' er sich unter die goldnen Bürden.
    Will er genießen den Vatersegen,   950
    Kinder und Enkelein um sich pflegen,
    Treib' er ein ehrlich Gewerb' in Ruh'.
    Ich – ich hab kein Gemüt dazu.
    Frei will ich leben und also sterben,
    Niemand berauben und niemand beerben
    Und auf das Gehudel unter mir
    Leicht wegschauen von meinem Tier.

Erster Jäger. Bravo! Just so ergeht es mir.

Erster Arkebusier.
  Lustiger freilich mag sich's haben,
  Über anderer Köpf' wegtraben.   960
Erster Kürassier. Kamerad, die Zeiten sind schwer,
  Das Schwert ist nicht bei der Waage mehr;
  Aber so mag mir's keiner verdenken,
  Daß ich mich lieber zum Schwert will lenken.
  Kann ich im Krieg mich doch menschlich fassen,
  Aber nicht auf mir trommeln lassen.
Erster Arkebusier.
  Wer ist dran schuld als wir Soldaten,
  Daß der Nährstand in Schimpf geraten?
  Der leidige Krieg und die Not und Plag'
  In die sechzehn Jahr' schon währen mag.   970
Erster Kürassier.
  Bruder, den lieben Gott da droben,
  Es können ihn alle zugleich nicht loben.
  Einer will die Sonn', die den andern beschwert;
  Dieser will's trocken, was jener feucht begehrt.
  Wo *du* nur die Not siehst und die Plag',
  Da scheint *mir* des Lebens heller Tag.
  Geht's auf Kosten des Bürgers und Bauern,
  Nun wahrhaftig, sie werden mich dauern;
  Aber ich kann's nicht ändern – seht,
  's ist hier just, wie's beim Einhaun geht: 980
  Die Pferde schnauben und setzen an,
  Liege wer will mitten in der Bahn,
  Sei's mein Bruder, mein leiblicher Sohn,
  Zerriß mir die Seele sein Jammerton,
  Über seinen Leib weg muß ich jagen,
  Kann ihn nicht sachte beiseite tragen.
Erster Jäger. Ei, wer wird nach dem andern fragen!
Erster Kürassier.
  Und weil sich's nun einmal so gemacht,
  Daß das Glück dem Soldaten lacht,
  Laßt's uns mit beiden Händen fassen,   990
  Lang werden sie's uns nicht so treiben lassen.
  Der Friede wird kommen über Nacht,
  Der dem Wesen ein Ende macht;
  Der Soldat zäumt ab, der Bauer spannt ein,
  Eh' man's denkt, wird's wieder das alte sein.
  Jetzt sind wir noch beisammen im Land,

Wir haben 's Heft noch in der Hand;
Lassen wir uns auseinandersprengen,
Werden sie uns den Brotkorb höher hängen.

Erster Jäger.
Nein, das darf nimmermehr geschehn!   1000
Kommt, laßt uns alle für *einen* stehn.

Zweiter Jäger. Ja, laßt uns Abrede nehmen, hört!

Erster Arkebusier *(ein ledernes Beutelchen ziehend,
zur Marketenderin)*. Gevatterin, was hab ich verzehrt?

Marketenderin. Ach! es ist nicht der Rede wert!
                    (Sie rechnen.)

Trompeter. Ihr tut wohl, daß ihr weitergeht,
Verderbt uns doch nur die Sozietät.
                    (Arkebusiere gehen ab.)

Erster Kürassier.
Schad um die Leut'! Sind sonst wackre Brüder.

Erster Jäger. Aber das denkt wie ein Seifensieder.

Zweiter Jäger. Jetzt sind wir unter uns, laßt hören,
Wie wir den neuen Anschlag stören.   1010

Trompeter. Was? wir gehen eben nicht hin.

Erster Kürassier.
Nichts, ihr Herrn, gegen die Disziplin!
Jeder geht jetzt zu seinem Korps,
Trägt's den Kameraden vernünftig vor,
Daß sie's begreifen und einsehn lernen.
Wir dürfen uns nicht so weit entfernen.
Für meine Wallonen sag ich gut.
So, wie ich, jeder denken tut.

Wachtmeister.
Terschkas Regimenter zu Roß und Fuß
Stimmen alle in diesen Schluß.   1020

Zweiter Kürassier *(stellt sich zum ersten)*.
Der Lombard' sich nicht vom Wallonen trennt.

Erster Jäger. Freiheit ist Jägers Element.

Zweiter Jäger. Freiheit ist bei der Macht allein:
Ich leb und sterb bei dem Wallenstein.

Erster Scharfschütz.
Der Lothringer geht mit der großen Flut,
Wo der leichte Sinn ist und lustiger Mut.

Dragoner. Der Irländer folgt des Glückes Stern.

Zweiter Scharfschütz.
Der Tiroler dient nur dem Landesherrn.

Erster Kürassier. Also laßt jedes Regiment
　Ein Pro memoria reinlich schreiben:　　　　　　　　　1030
　Daß wir zusammen wollen bleiben,
　Daß uns keine Gewalt noch List
　Von dem Friedländer weg soll treiben,
　Der ein Soldatenvater ist.
　Das reicht man in tiefer Devotion
　Dem Piccolomini – ich meine den Sohn –
　Der versteht sich auf solche Sachen,
　Kann bei dem Friedländer alles machen,
　Hat auch einen großen Stein im Brett
　Bei des Kaisers und Königs Majestät.　　　　　　　　1040
Zweiter Jäger.
　Kommt! Dabei bleibt's! Schlagt alle ein!
　Piccolomini soll unser Sprecher sein.
Trompeter, Dragoner, Erster Jäger, Zwei-
　ter Kürassier, Scharfschützen *(zugleich)*.
　Piccolomini soll unser Sprecher sein. *(Wollen fort.)*
Wachtmeister. Erst noch ein Gläschen, Kameraden!
　(Trinkt.)
　Des Piccolomini hohe Gnaden!
Marketenderin *(bringt eine Flasche)*.
　Das kommt nicht aufs Kerbholz. Ich geb es gern.
　Gute Verrichtung, meine Herrn!
Kürassiere. Der Wehrstand soll leben!
Beide Jäger. Der Nährstand soll geben!
Dragoner und Scharfschützen.
　Die Armee soll florieren!　　　　　　　　　　　　　　1050
Trompeter und Wachtmeister.
　Und der Friedländer soll sie regieren.
Zweiter Kürassier *(singt)*.
　　Wohl auf, Kameraden, aufs Pferd, aufs Pferd!
　　　Ins Feld, in die Freiheit gezogen!
　　Im Felde, da ist der Mann noch was wert,
　　　Da wird das Herz noch gewogen.
　　Da tritt kein anderer für ihn ein,
　　Auf sich selber steht er da ganz allein.
*(Die Soldaten aus dem Hintergrunde haben sich während
　des Gesangs herbeigezogen und machen den Chor.)*
Chor.
　　Da tritt kein anderer für ihn ein,
　　Auf sich selber steht er da ganz allein.

Dragoner.
>   Aus der Welt die Freiheit verschwunden ist,   1060
>   Man sieht nur Herren und Knechte,
>   Die Falschheit herrschet, die Hinterlist
>   Bei dem feigen Menschengeschlechte.
>   Der dem Tod ins Angesicht schauen kann,
>   Der Soldat allein ist der freie Mann.

Chor.
>   Der dem Tod ins Angesicht schauen kann,
>   Der Soldat allein ist der freie Mann.

Erster Jäger.
>   Des Lebens Ängsten, er wirft sie weg,
>   Hat nicht mehr zu fürchten, zu sorgen,
>   Er reitet dem Schicksal entgegen keck,   1070
>   Trifft's heute nicht, trifft es doch morgen.
>   Und trifft es morgen, so lasset uns heut
>   Noch schlürfen die Neige der köstlichen Zeit.

Chor.
>   Und trifft es morgen, so lasset uns heut
>   Noch schlürfen die Neige der köstlichen Zeit.

(Die Gläser sind aufs neue gefüllt worden, sie stoßen an
und trinken.)

Wachtmeister.
>   Von dem Himmel fällt ihm sein lustig Los,
>   Braucht's nicht mit Müh' zu erstreben,
>   Der Fröner, der sucht in der Erde Schoß,
>   Da meint er den Schatz zu erheben.
>   Er gräbt und schaufelt, solang er lebt,   1080
>   Und gräbt, bis er endlich sein Grab sich gräbt.

Chor.
>   Er gräbt und schaufelt, solang er lebt,
>   Und gräbt, bis er endlich sein Grab sich gräbt.

Erster Jäger.
>   Der Reiter und sein geschwindes Roß,
>   Sie sind gefürchtete Gäste,
>   Es flimmern die Lampen im Hochzeitschloß,
>   Ungeladen kommt er zum Feste.
>   Er wirbt nicht lange, er zeigt nicht Gold,
>   Im Sturm erringt er den Minnesold.

Chor.
>   Er wirbt nicht lange, er zeigt nicht Gold,   1090
>   Im Sturm erringt er den Minnesold.

Z w e i t e r K ü r a s s i e r.

    Warum weint die Dirn' und zergrämet sich schier?
      Laß fahren dahin, laß fahren!
    Er hat auf Erden kein bleibend Quartier,
      Kann treue Lieb' nicht bewahren.
    Das rasche Schicksal, es treibt ihn fort,
    Seine Ruhe läßt er an keinem Ort.

C h o r.

    Das rasche Schicksal, es treibt ihn fort,
    Seine Ruhe läßt er an keinem Ort.

E r s t e r J ä g e r *(faßt die zwei Nächsten an der Hand,*
die übrigen ahmen es nach; alle, welche gesprochen, bilden
einen großen Halbkreis).

    Drum frisch, Kameraden, den Rappen gezäumt, 1100
      Die Brust im Gefechte gelüftet!
    Die Jugend brauset, das Leben schäumt,
      Frisch auf! eh' der Geist noch verdüftet.
    Und setzet ihr nicht das Leben ein,
    Nie wird euch das Leben gewonnen sein.

C h o r.

    Und setzet ihr nicht das Leben ein,
    Nie wird euch das Leben gewonnen sein.
    (Der Vorhang fällt, ehe der Chor ganz ausgesungen.)

Die Piccolomini

IN FÜNF AUFZÜGEN

PERSONEN

Wallenstein, *Herzog zu Friedland, kaiserlicher Generalissimus im Dreißigjährigen Kriege*

Octavio Piccolomini, *Generalleutnant*

Max Piccolomini, *sein Sohn, Oberst bei einem Kürassierregiment*

Graf Terzky, *Wallensteins Schwager, Chef mehrerer Regimenter*

Illo, *Feldmarschall, Wallensteins Vertrauter*

Isolani, *General der Kroaten*

Buttler, *Chef eines Dragonerregiments*

Tiefenbach
Don Maradas   } *Generale unter Wallenstein*
Götz
Colalto

Rittmeister Neumann, *Terzkys Adjutant*

Kriegsrat von Questenberg, *vom Kaiser gesendet*

Baptista Seni, *Astrolog*

Herzogin von Friedland, *Wallensteins Gemahlin*

Thekla, *Prinzessin von Friedland, ihre Tochter*

Gräfin Terzky, *der Herzogin Schwester*

Ein Kornet

Kellermeister *des Grafen Terzky*

Friedländische Pagen und Bediente

Terzkysche Bediente und Hoboisten

Mehrere Obersten und Generale

ERSTER AUFZUG

Ein alter gotischer Saal auf dem Rathause zu Pilsen, mit Fahnen und anderm Kriegsgeräte dekoriert

ERSTER AUFTRITT

Illo mit Buttler, und Isolani.

I l l o. Spät kommt Ihr – Doch Ihr kommt! Der weite Weg,
    Graf Isolan, entschuldigt Euer Säumen.
I s o l a n i. Wir kommen auch mit leeren Händen nicht!
    Es ward uns angesagt bei Donauwerth,
    Ein schwedischer Transport sei unterwegs
    Mit Proviant, an die sechshundert Wagen. –
    Den griffen die Kroaten mir noch auf,
    Wir bringen ihn.
I l l o.   Er kommt uns grad zupaß,
    Die stattliche Versammlung hier zu speisen.
B u t t l e r. Es ist schon lebhaft hier, ich seh's.
I s o l a n i.   Ja, ja,   10
    Die Kirchen selber liegen voll Soldaten,
    (sich umschauend)
    Auch auf dem Rathaus, seh ich, habt ihr euch
    Schon ziemlich eingerichtet – Nun! nun! der Soldat
    Behilft und schickt sich, wie er kann!
I l l o. Von dreißig Regimentern haben sich
    Die Obersten zusammen schon gefunden,
    Den Terzky trefft Ihr hier, den Tiefenbach,
    Colalto, Götz, Maradas, Hinnersam,
    Auch Sohn und Vater Piccolomini –
    Ihr werdet manchen alten Freund begrüßen.   20
    Nur Gallas fehlt uns noch und Altringer.
B u t t l e r. Auf Gallas wartet nicht.
I l l o *(stutzt)*.   Wieso? Wißt Ihr –
I s o l a n i *(unterbricht ihn)*.
    Max Piccolomini hier? Oh! führt mich zu ihm.
    Ich seh ihn noch – es sind jetzt zehen Jahr –
    Als wir bei Dessau mit dem Mansfeld schlugen,
    Den Rappen sprengen von der Brücke herab
    Und zu dem Vater, der in Nöten war,
    Sich durch der Elbe reißend Wasser schlagen.

Da sproßt' ihm kaum der erste Flaum ums Kinn,
Jetzt, hör ich, soll der Kriegsheld fertig sein.   30
I l l o. Ihr sollt ihn heut noch sehn. Er führt aus Kärnten
Die Fürstin Friedland her und die Prinzessin,
Sie treffen diesen Vormittag noch ein.
B u t t l e r. Auch Frau und Tochter ruft der Fürst hieher?
Er ruft hier viel zusammen.
I s o l a n i.   Desto besser.
Erwartet' ich doch schon von nichts als Märschen
Und Batterien zu hören und Attaken;
Und siehe da! der Herzog sorgt dafür,
Daß auch was Holdes uns das Aug' ergötze.
I l l o *(der nachdenkend gestanden, zu Buttlern, den er ein*
wenig auf die Seite führt).
Wie wißt Ihr, daß Graf Gallas außen bleibt?   40
B u t t l e r *(mit Bedeutung).*
Weil er auch *mich* gesucht zurückzuhalten.
I l l o *(warm).* Und Ihr seid fest geblieben?
(Drückt ihm die Hand.)   Wackrer Buttler!
B u t t l e r. Nach der Verbindlichkeit, die mir der Fürst
Noch kürzlich aufgelegt –
I l l o. Ja, Generalmajor! Ich gratuliere!
I s o l a n i. Zum Regiment, nicht wahr, das ihm der Fürst
Geschenkt? Und noch dazu dasselbe, hör ich,
Wo er vom Reiter hat heraufgedient?
Nun, das ist wahr! dem ganzen Korps gereicht's
Zum Sporn, zum Beispiel, macht einmal ein alter   50
Verdienter Kriegsmann seinen Weg.
B u t t l e r.   Ich bin verlegen,
Ob ich den Glückwunsch schon empfangen darf,
– Noch fehlt vom Kaiser die Bestätigung.
I s o l a n i. Greif zu! greif zu! Die Hand, die Ihn dahin
Gestellt, ist stark genug, Ihn zu erhalten,
Trotz Kaiser und Ministern.
I l l o.   Wenn wir alle
So gar bedenklich wollten sein!
Der Kaiser gibt uns nichts – vom Herzog
Kommt alles, was wir hoffen, was wir haben.
I s o l a n i *(zu Illo).*
Herr Bruder! Hab ich's schon erzählt? Der Fürst   60
Will meine Kreditoren kontentieren,
Will selber mein Kassier sein künftighin,

Zu einem ordentlichen Mann mich machen.
Und das ist nun das dritte Mal, bedenk' Er!
Daß mich der Königlichgesinnte vom
Verderben rettet und zu Ehren bringt.

I l l o. Könnt' er nur immer, wie er gerne wollte!
Er schenkte Land und Leut an die Soldaten.
Doch wie verkürzen sie in Wien ihm nicht den Arm,
Beschneiden, wo sie können, ihm die Flügel! –   70
Da! diese neuen, saubern Forderungen,
Die dieser Questenberger bringt!

B u t t l e r.   Ich habe mir
Von diesen kaiserlichen Forderungen auch
Erzählen lassen – doch ich hoffe,
Der Herzog wird in keinem Stücke weichen.

I l l o. Von seinem Recht gewißlich nicht, wenn nur nicht
– Vom Platze!

B u t t l e r *(betroffen)*. Wißt Ihr etwas? Ihr erschreckt mich.

I s o l a n i *(zugleich)*. Wir wären alle ruiniert!

I l l o.   Brecht ab!
Ich sehe unsern Mann dort eben kommen
Mit Gen'ralleutnant Piccolomini.

B u t t l e r *(den Kopf bedenklich schüttelnd)*. Ich fürchte,
Wir gehn nicht von hier, wie wir kamen.   81

ZWEITER AUFTRITT

Vorige. Octavio Piccolomini. Questenberg.

O c t a v i o *(noch in der Entfernung)*.
Wie? Noch der Gäste mehr? Gestehn Sie, Freund!
Es brauchte diesen tränenvollen Krieg,
So vieler Helden ruhmgekrönte Häupter
In *eines* Lagers Umkreis zu versammeln.

Q u e s t e n b e r g.
In kein Friedländisch Heereslager komme,
Wer von dem Kriege Böses denken will.
Beinah vergessen hätt' ich seine Plagen,
Da mir der Ordnung hoher Geist erschienen,
Durch die er, weltzerstörend, selbst besteht,   90
Das Große mir erschienen, das er bildet.

O c t a v i o. Und siehe da! ein tapfres Paar, das würdig
Den Heldenreihen schließt; Graf Isolan

Und Obrist Buttler. – Nun, da haben wir
Vor Augen gleich das ganze Kriegeshandwerk.
(Buttlern und Isolani präsentierend.)
Es ist die Stärke, Freund, und Schnelligkeit.

Questenberg *(zu Octavio).*
Und zwischen beiden der erfahrne Rat.

Octavio *(Questenbergen an jene vorstellend).*
Den Kammerherrn und Kriegsrat Questenberg,
Den Überbringer kaiserlicher Befehle,
Der Soldaten großen Gönner und Patron   100
Verehren wir in diesem würdigen Gaste.
          (Allgemeines Stillschweigen.)

Illo *(nähert sich Questenbergen).*
Es ist das erste Mal nicht, Herr Minister,
Daß Sie im Lager uns die Ehr' erweisen.

Questenberg.
Schon einmal sah ich mich vor diesen Fahnen.

Illo. Und wissen Sie, *wo* das gewesen ist?
Zu Znaym war's, in Mähren, wo Sie sich
Von Kaisers wegen eingestellt, den Herzog
Um Übernahm' des Regiments zu flehen.

Questenberg.
Zu *flehn,* Herr General? So weit ging weder
Mein Auftrag, daß ich wüßte, noch mein Eifer.   110

Illo. Nun! Ihn zu zwingen, wenn Sie wollen. Ich
Erinnre mich's recht gut – Graf Tilly war
Am Lech aufs Haupt geschlagen – offen stand
Das Bayerland dem Feind – nichts hielt ihn auf,
Bis in das Herz von Östreich vorzudringen.
Damals erschienen *Sie* und Werdenberg
Vor unserm Herrn, mit Bitten in ihn stürmend
Und mit der kaiserlichen Ungnad' drohend,
Wenn sich der Fürst des Jammers nicht erbarme.

Isolani *(tritt dazu).*
Ja, ja! 's ist zu begreifen, Herr Minister,   120
Warum Sie sich bei Ihrem heut'gen Auftrag
An jenen alten just nicht gern erinnern.

Questenberg.
Wie sollt' ich nicht! Ist zwischen beiden doch
Kein Widerspruch! *Damalen* galt es, Böhmen
Aus Feindes Hand zu reißen, *heute* soll ich's
Befrein von seinen Freunden und Beschützern.

Illo. Ein schönes Amt! Nachdem wir dieses Böhmen,
    Mit unserm Blut, dem Sachsen abgefochten,
    Will man zum Dank uns aus dem Lande werfen.
Questenberg.
    Wenn es nicht bloß ein Elend mit dem andern   130
    Vertauscht soll haben, muß das arme Land
    Von Freund und Feindes Geißel gleich befreit sein.
Illo. Ei was! Es war ein gutes Jahr, der Bauer kann
    Schon wieder geben.
Questenberg.   Ja, wenn Sie von Herden
    Und Weideplätzen reden, Herr Feldmarschall –
Isolani.
    Der Krieg ernährt den Krieg. Gehn Bauern drauf,
    Ei, so gewinnt der Kaiser mehr Soldaten.
Questenberg. Und wird um so viel Untertanen ärmer!
Isolani. Pah! Seine Untertanen sind wir alle!
Questenberg.
    Mit Unterschied, Herr Graf! Die einen füllen   140
    Mit nützlicher Geschäftigkeit den Beutel,
    Und andre wissen nur ihn brav zu leeren.
    Der Degen hat den Kaiser arm gemacht;
    Der Pflug ist's, der ihn wieder stärken muß.
Buttler. Der Kaiser wär' nicht arm, wenn nicht so viel
    – Blutigel saugten an dem Mark des Landes.
Isolani. So arg kann's auch nicht sein. Ich sehe ja,
    (indem er sich vor ihn hinstellt und seinen Anzug mustert)
    Es ist noch lang nicht alles Gold gemünzt.
Questenberg. Gottlob! Noch etwas weniges hat man
    Geflüchtet – vor den Fingern der Kroaten.   150
Illo. Da! der Slawata und der Martinitz,
    Auf die der Kaiser, allen guten Böhmen
    Zum Ärgernisse, Gnadengaben häuft –
    Die sich vom Raube der vertriebnen Bürger mästen –
    Die von der allgemeinen Fäulnis wachsen,
    Allein im öffentlichen Unglück ernten –
    Mit königlichem Prunk dem Schmerz des Landes
    Hohnsprechen – *die* und ihresgleichen läßt
    Den Krieg bezahlen, den verderblichen,
    Den sie allein doch angezündet haben.   160
Buttler. Und diese Landschmarutzer, die die Füße
    Beständig unterm Tisch des Kaisers haben,
    Nach allen Benefizen hungrig schnappen,

Die wollen dem Soldaten, der vorm Feind liegt,
Das Brot vorschneiden und die Rechnung streichen.

I s o l a n i. Mein Lebtag denk ich dran, wie ich nach Wien
Vor sieben Jahren kam, um die Remonte
Für unsre Regimenter zu betreiben,
Wie sie von einer Antecamera
Zur andern mich herumgeschleppt, mich unter   170
Den Schranzen stehen lassen, stundenlang,
Als wär' ich da, ums Gnadenbrot zu betteln.
Zuletzt – da schickten sie mir einen Kapuziner,
Ich dacht', es wär' um meiner Sünden willen!
Nein doch, das war der Mann, mit dem
Ich um die Reiterpferde sollte handeln.
Ich mußt' auch abziehn unverrichteter Ding'.
Der Fürst nachher verschaffte mir in drei Tagen,
Was ich zu Wien in dreißig nicht erlangte.

Q u e s t e n b e r g.
Ja, ja! Der Posten fand sich in der Rechnung,   180
Ich weiß, wir haben noch daran zu zahlen.

I l l o. Es ist der Krieg ein roh, gewaltsam Handwerk.
Man kommt nicht aus mit sanften Mitteln, alles
Läßt sich nicht schonen. Wollte man's erpassen,
Bis sie zu Wien aus vierundzwanzig Übeln
Das kleinste ausgewählt, man paßte lange!
– Frisch mitten durchgegriffen, das ist besser!
Reiß' dann, was mag! – Die Menschen, in der Regel,
Verstehen sich aufs Flicken und aufs Stückeln
Und finden sich in ein verhaßtes Müssen   180
Weit besser als in eine bittre Wahl.

Q u e s t e n b e r g.
Ja, das ist wahr! Die Wahl spart uns der Fürst.

I l l o. Der Fürst trägt Vatersorge für die Truppen,
Wir sehen, wie's der Kaiser mit uns meint.

Q u e s t e n b e r g.
Für jeden Stand hat er ein gleiches Herz
Und kann den einen nicht dem andern opfern.

I s o l a n i. Drum stößt er uns zum Raubtier in die Wüste,
Um seine teuren Schafe zu behüten.

Q u e s t e n b e r g *(mit Hohn)*.
Herr Graf! Dies Gleichnis machen Sie – nicht ich.

I l l o. Doch wären wir, wofür der Hof uns nimmt,   200
Gefährlich war's, die Freiheit uns zu geben.

Q u e s t e n b e r g *(mit Ernst)*.
  Genommen ist die Freiheit, nicht gegeben,
  Drum tut es not, den Zaum ihr anzulegen.
I l l o. Ein wildes Pferd erwarte man zu finden.
Q u e s t e n b e r g. Ein beßrer Reiter wird's besänftigen.
I l l o. Es trägt den *einen* nur, der es gezähmt.
Q u e s t e n b e r g. Ist es gezähmt, so folgt es einem Kinde.
I l l o. Das Kind, ich weiß, hat man ihm schon gefunden.
Q u e s t e n b e r g.
  Sie kümmre nur die Pflicht und nicht der Name.
B u t t l e r *(der sich bisher mit Piccolomini seitwärts gehal-*
  ten, doch mit sichtbarem Anteil an dem Gespräch, tritt
  näher).
  Herr Präsident! Dem Kaiser steht in Deutschland   210
  Ein stattlich Kriegsvolk da, es kantonieren
  In diesem Königreich wohl dreißigtausend,
  Wohl sechzehntausend Mann in Schlesien;
  Zehn Regimenter stehn am Weserstrom,
  Am Rhein und Main; in Schwaben bieten sechs,
  In Bayern zwölf den Schwedischen die Spitze.
  Nicht zu gedenken der Besatzungen,
  Die an der Grenz' die festen Plätze schirmen.
  All dieses Volk gehorcht Friedländischen
  Hauptleuten. Die 's befehligen, sind alle   220
  In *eine* Schul' gegangen, *eine* Milch
  Hat sie ernährt, *ein* Herz belebt sie alle.
  Fremdlinge stehn sie da auf diesem Boden,
  Der Dienst allein ist ihnen Haus und Heimat.
  Sie treibt der Eifer nicht fürs Vaterland,
  Denn Tausende, wie mich, gebar die Fremde.
  Nicht für den Kaiser, wohl die Hälfte kam
  Aus fremdem Dienst feldflüchtig uns herüber,
  Gleichgültig, unterm Doppeladler fechtend
  Wie unterm Löwen und den Lilien.   230
  Doch alle führt an gleich gewalt'gem Zügel
  Ein einziger, durch gleiche Lieb' und Furcht
  Zu *einem* Volke sie zusammenbindend.
  Und wie des Blitzes Funke sicher, schnell,
  Geleitet an der Wetterstange, läuft,
  Herrscht sein Befehl vom letzten fernen Posten,
  Der an die Dünen branden hört den Belt,
  Der in der Etsch fruchtbare Täler sieht,

Bis zu der Wache, die ihr Schilderhaus
Hat aufgerichtet an der Kaiserburg.   240
Questenberg.
  Was ist der langen Rede kurzer Sinn?
Buttler.
  Daß der Respekt, die Neigung, das Vertraun,
  Das uns dem Friedland unterwürfig macht,
  Nicht auf den ersten besten sich verpflanzt,
  Den uns der Hof aus Wien herübersendet.
  Uns ist in treuem Angedenken noch,
  Wie das Kommando kam in Friedlands Hände.
  War's etwa kaiserliche Majestät,
  Die ein gemachtes Heer ihm übergab,
  Den Führer nur gesucht zu ihren Truppen?   250
  – Noch gar nicht war das Heer. Erschaffen erst
  Mußt' es der Friedland, er *empfing* es nicht,
  Er *gab's* dem Kaiser! Von dem Kaiser nicht
  Erhielten wir den Wallenstein zum Feldherrn.
  So ist es nicht, so nicht! Vom Wallenstein
  Erhielten wir den Kaiser erst zum Herrn,
  Er knüpft uns, er allein, an diese Fahnen.
Octavio *(tritt dazwischen).*
  Es ist nur zur Erinnerung, Herr Kriegsrat,
  Daß Sie im Lager sind und unter Kriegern. –
  Die Kühnheit macht, die Freiheit den Soldaten. –   260
  Vermöcht' er keck zu handeln, dürft' er nicht
  Keck reden auch? – Eins geht ins andre drein. –
  Die Kühnheit dieses würd'gen Offiziers,
  (auf Buttlern zeigend)
  Die jetzt in ihrem Ziel sich nur vergriff,
  Erhielt, wo nichts als Kühnheit retten konnte,
  Bei einem furchtbarn Aufstand der Besatzung
  Dem Kaiser seine Hauptstadt Prag.
            (Man hört von fern eine Kriegsmusik.)
Illo.   Das sind sie!
  Die Wachen salutieren – Dies Signal
  Bedeutet uns, die Fürstin sei herein.
Octavio *(zu Questenberg).*
  So ist auch mein Sohn Max zurück. Er hat sie   270
  Aus Kärnten abgeholt und hergeleitet.
Isolani *(zu Illo).*
  Gehn wir zusammen hin, sie zu begrüßen?

I l l o. Wohl! Laßt uns gehen. Oberst Buttler, kommt!
(Zum Octavio.)
Erinnert Euch, daß wir vor Mittag noch
Mit diesem Herrn beim Fürsten uns begegnen.

DRITTER AUFTRITT

Octavio und Questenberg, die zurückbleiben.

Q u e s t e n b e r g *(mit Zeichen des Erstaunens).*
Was hab ich hören müssen, Gen'ralleutnant!
Welch zügelloser Trotz! Was für Begriffe!
– Wenn dieser Geist der allgemeine ist –
O c t a v i o. Drei Viertel der Armee vernahmen Sie.
Q u e s t e n b e r g.
Weh uns! Wo dann ein zweites Heer gleich finden,   280
Um dieses zu bewachen! – Dieser Illo, fürcht ich,
Denkt noch viel schlimmer, als er spricht. Auch dieser
                                    Buttler
Kann seine böse Meinung nicht verbergen.
O c t a v i o.
Empfindlichkeit – gereizter Stolz – nichts weiter! –
Diesen Buttler geb ich noch nicht auf; ich weiß,
Wie dieser böse Geist zu bannen ist.
Q u e s t e n b e r g *(voll Unruh' auf und ab gehend).*
Nein! das ist schlimmer, oh! viel schlimmer, Freund!
Als wir's in Wien uns hatten träumen lassen.
Wir sahen's nur mit Höflingsaugen an,
Die von dem Glanz des Throns geblendet waren;   290
Den Feldherrn hatten wir noch nicht gesehn,
Den allvermögenden, in seinem Lager.
Hier ist's ganz anders!
Hier ist kein Kaiser mehr. Der Fürst ist Kaiser!
Der Gang, den ich an Ihrer Seite jetzt
Durchs Lager tat, schlägt meine Hoffnung nieder.
O c t a v i o. Sie sehn nun selbst, welch ein gefährlich Amt
Es ist, das Sie vom Hof mir überbrachten –
Wie mißlich die Person, die ich hier spiele.
Der leiseste Verdacht des Generals,   300
Er würde Freiheit mir und Leben kosten
Und sein verwegenes Beginnen nur
Beschleunigen.

Questenberg.   Wo war die Überlegung,
Als wir dem Rasenden das Schwert vertraut
Und solche Macht gelegt in solche Hand!
Zu stark für dieses schlimmverwahrte Herz
War *die* Versuchung! Hätte sie doch selbst
Dem bessern Mann gefährlich werden müssen!
Er wird sich weigern, sag ich Ihnen,
Der kaiserlichen Ordre zu gehorchen. –   310
Er kann's und wird's. – Sein unbestrafter Trotz
Wird unsre Ohnmacht schimpflich offenbaren.

Octavio. Und glauben Sie, daß er Gemahlin, Tochter
Umsonst hieher ins Lager kommen ließ,
Gerade jetzt, da wir zum Krieg uns rüsten?
Daß er die letzten Pfänder seiner Treu'
Aus Kaisers Landen führt, das deutet uns
Auf einen nahen Ausbruch der Empörung.

Questenberg.
Weh uns! und wie dem Ungewitter stehn,
Das drohend uns umzieht von allen Enden?   320
Der Reichsfeind an den Grenzen, Meister schon
Vom Donaustrom, stets weiter um sich greifend –
Im innern Land des Aufruhrs Feuerglocke –
Der Bauer in Waffen – alle Stände schwürig –
Und die Armee, von der wir Hilf' erwarten,
Verführt, verwildert, aller Zucht entwohnt –
Vom Staat, von ihrem Kaiser losgerissen,
Vom Schwindelnden die schwindelnde geführt,
Ein furchtbar Werkzeug, dem verwegensten
Der Menschen blind gehorchend hingegeben –   330

Octavio.
Verzagen wir auch nicht zu früh, mein Freund!
Stets ist die Sprache kecker als die Tat,
Und mancher, der in blindem Eifer jetzt
Zu jedem Äußersten entschlossen scheint,
Findet unerwartet in der Brust ein Herz,
Spricht man des Frevels wahren Namen aus.
Zudem – ganz unverteidigt sind wir nicht.
Graf Altringer und Gallas, wissen Sie,
Erhalten in der Pflicht ihr kleines Heer –
Verstärken es noch täglich. – Überraschen   340
Kann er uns nicht, Sie wissen, daß ich ihn
Mit meinen Horchern rings umgeben habe;

Vom kleinsten Schritt erhalt ich Wissenschaft
Sogleich – ja, mir entdeckt's sein eigner Mund.

Q u e s t e n b e r g.
Ganz unbegreiflich ist's, daß er den Feind nicht merkt
An seiner Seite.

O c t a v i o.   Denken Sie nicht etwa,
Daß ich durch Lügenkünste, gleisnerische
Gefälligkeit in seine Gunst mich stahl,
Durch Heuchelworte sein Vertrauen nähre.
Befiehlt mir gleich die Klugheit und die Pflicht,   350
Die ich dem Reich, dem Kaiser schuldig bin,
Daß ich mein wahres Herz vor ihm verberge,
Ein falsches hab ich niemals ihm geheuchelt!

Q u e s t e n b e r g.
Es ist des Himmels sichtbarliche Fügung.

O c t a v i o. Ich weiß nicht, was es ist – was ihn an mich
Und meinen Sohn so mächtig zieht und kettet.
Wir waren immer Freunde, Waffenbrüder;
Gewohnheit, gleichgeteilte Abenteuer
Verbanden uns schon frühe – doch ich weiß
Den Tag zu nennen, wo mit einemmal   360
Sein Herz mir aufging, sein Vertrauen wuchs.
Es war der Morgen vor der Lützner Schlacht –
Mich trieb ein böser Traum, ihn aufzusuchen,
Ein ander Pferd zur Schlacht ihm anzubieten.
Fern von den Zelten, unter einem Baum
Fand ich ihn eingeschlafen. Als ich ihn
Erweckte, mein Bedenken ihm erzählte,
Sah er mich lange staunend an; drauf fiel er
Mir um den Hals und zeigte eine Rührung,
Wie jener kleine Dienst sie gar nicht wert war.   370
Seit jenem Tag verfolgt mich sein Vertrauen
In gleichem Maß, als ihn das meine flieht.

Q u e s t e n b e r g.
Sie ziehen Ihren Sohn doch ins Geheimnis?

O c t a v i o. Nein!

Q u e s t e n b e r g.   Wie? auch warnen wollen Sie ihn nicht,
In welcher schlimmen Hand er sich befinde?

O c t a v i o. Ich muß ihn seiner Unschuld anvertrauen.
Verstellung ist der offnen Seele fremd,
Unwissenheit allein kann ihm die Geistesfreiheit
Bewahren, die den Herzog sicher macht.

Q u e s t e n b e r g *(besorglich).*
　Mein würd'ger Freund! Ich hab die beste Meinung　　　380
　Vom Oberst Piccolomini – doch – wenn –
　Bedenken Sie –
O c t a v i o. Ich muß es darauf wagen – Still! Da kommt er.

VIERTER AUFTRITT

Max Piccolomini. Octavio Piccolomini. Questenberg.

M a x. Da ist er ja gleich selbst. Willkommen, Vater!
　(Er umarmt ihn. Wie er sich umwendet, bemerkt er
　Questenbergen und tritt kalt zurück.)
　Beschäftigt, wie ich seh? Ich will nicht stören.
O c t a v i o. Wie, Max? Sieh diesen Gast doch näher an.
　Aufmerksamkeit verdient ein alter Freund;
　Ehrfurcht gebührt dem Boten deines Kaisers.
M a x *(trocken).*
　Von Questenberg! Willkommen, wenn was Gutes
　Ins Hauptquartier Sie herführt.
Q u e s t e n b e r g *(hat seine Hand gefaßt).*　Ziehen Sie　390
　Die Hand nicht weg, Graf Piccolomini,
　Ich fasse sie nicht bloß von meinetwegen,
　Und nichts Gemeines will ich damit sagen.
　(Beider Hände fassend.) Octavio – Max Piccolomini!
　Heilbringend, vorbedeutungsvolle Namen!
　Nie wird das Glück von Österreich sich wenden,
　Solang zwei solche Sterne, segenreich
　Und schützend, leuchten über seinen Heeren.
M a x. Sie fallen aus der Rolle, Herr Minister,
　Nicht Lobens wegen sind Sie hier, ich weiß,　　　　　400
　Sie sind geschickt, zu tadeln und zu schelten –
　Ich will voraus nichts haben vor den andern.
O c t a v i o *(zu Max).*
　Er kommt vom Hofe, wo man mit dem Herzog
　Nicht ganz so wohl zufrieden ist als hier.
M a x. Was gibt's aufs neu denn an ihm auszustellen?
　Daß er für sich allein beschließt, was er
　Allein versteht? Wohl! daran tut er recht,
　Und wird's dabei auch sein Verbleiben haben. –
　Er ist nun einmal nicht gemacht, nach andern
　Geschmeidig sich zu fügen und zu wenden,　　　　　410

Es geht ihm wider die Natur, er kann's nicht.
Geworden ist ihm eine Herrscherseele,
Und ist gestellt auf einen Herrscherplatz.
Wohl uns, daß es so ist! Es können sich
Nur wenige regieren, den Verstand
Verständig brauchen – Wohl dem Ganzen, findet
Sich einmal einer, der ein Mittelpunkt
Für viele tausend wird, ein Halt; – sich hinstellt
Wie eine feste Säul', an die man sich
Mit Lust mag schließen und mit Zuversicht.   420
So einer ist der Wallenstein, und taugte
Dem Hof ein andrer besser – der Armee
Frommt nur ein solcher.

Q u e s t e n b e r g.   Der Armee! Jawohl!

M a x. Und eine Lust ist's, wie er alles weckt
Und stärkt und neu belebt um sich herum,
Wie jede Kraft sich ausspricht, jede Gabe
Gleich deutlicher sich wird in seiner Nähe!
Jedwedem zieht er seine Kraft hervor,
Die eigentümliche, und zieht sie groß,
Läßt jeden ganz das bleiben, was er ist,   430
Er wacht nur drüber, daß er's immer sei
Am rechten Ort; so weiß er aller Menschen
Vermögen zu dem seinigen zu machen.

Q u e s t e n b e r g.
Wer spricht ihm ab, daß er die Menschen kenne,
Sie zu gebrauchen wisse! Überm Herrscher
Vergißt er nur den Diener ganz und gar,
Als wär' mit seiner Würd' er schon geboren.

M a x. Ist er's denn nicht? Mit jeder Kraft dazu
Ist er's, und mit der Kraft noch obendrein,
Buchstäblich zu vollstrecken die Natur,   440
Dem Herrschtalent den Herrschplatz zu erobern.

Q u e s t e n b e r g.
So kommt's zuletzt auf seine Großmut an,
Wieviel wir überall noch gelten sollen!

M a x. Der seltne Mann will seltene Vertrauen.
Gebt ihm den Raum, das Ziel wird *er* sich setzen.

Q u e s t e n b e r g. Die Proben geben's.

M a x.   Ja! so sind sie! Schreckt
Sie alles gleich, was eine Tiefe hat;
Ist ihnen nirgends wohl, als wo's recht flach ist.

O c t a v i o *(zu Questenberg).*
　Ergeben Sie sich nur in gutem, Freund!
　Mit dem da werden Sie nicht fertig.　　　　　　　450
M a x. Da rufen sie den Geist an in der Not,
　Und grauet ihnen gleich, wenn er sich zeigt.
　Das Ungemeine soll, das Höchste selbst
　Geschehn wie das Alltägliche. Im Felde,
　Da dringt die Gegenwart – Persönliches
　Muß herrschen, eignes Auge sehn. Es braucht
　Der Feldherr jedes Große der Natur,
　So gönne man ihm auch, in ihren großen
　Verhältnissen zu leben. Das Orakel
　In seinem Innern, das lebendige –　　　　　　　460
　Nicht tote Bücher, alte Ordnungen,
　Nicht modrigte Papiere soll er fragen.
O c t a v i o.
　Mein Sohn! Laß uns die alten, engen Ordnungen
　Gering nicht achten! Köstlich unschätzbare
　Gewichte sind's, die der bedrängte Mensch
　An seiner Dränger raschen Willen band;
　Denn immer war die Willkür fürchterlich –
　Der Weg der Ordnung, ging' er auch durch Krümmen,
　Er ist kein Umweg. Grad aus geht des Blitzes,
　Geht des Kanonballs fürchterlicher Pfad –　　　　470
　Schnell, auf dem nächsten Wege, langt er an,
　Macht sich zermalmend Platz, um zu zermalmen.
　Mein Sohn! Die Straße, die der Mensch befährt,
　Worauf der Segen wandelt, diese folgt
　Der Flüsse Lauf, der Täler freien Krümmen,
　Umgeht das Weizenfeld, den Rebenhügel,
　Des Eigentums gemeßne Grenzen ehrend –
　So führt sie später, sicher doch zum Ziel.
Q u e s t e n b e r g. Oh! hören Sie den Vater – hören Sie
　Ihn, der ein Held ist und ein Mensch zugleich.　　480
O c t a v i o.
　Das Kind des Lagers spricht aus dir, mein Sohn.
　Ein fünfzehnjähr'ger Krieg hat dich erzogen,
　– Du hast den Frieden nie gesehn! Es gibt
　Noch höhern Wert, mein Sohn, als kriegerischen;
　Im Kriege selber ist das Letzte nicht der Krieg.
　Die großen, schnellen Taten der Gewalt,
　Des Augenblicks erstaunenswerte Wunder,

Die sind es nicht, die das Beglückende,
Das ruhig, mächtig Dauernde erzeugen.
In Hast und Eile bauet der Soldat   490
Von Leinwand seine leichte Stadt, da wird
Ein augenblicklich Brausen und Bewegen,
Der Markt belebt sich, Straßen, Flüsse sind
Bedeckt mit Fracht, es rührt sich das Gewerbe.
Doch eines Morgens plötzlich siehet man
Die Zelte fallen, weiter rückt die Horde,
Und ausgestorben, wie ein Kirchhof, bleibt
Der Acker, das zerstampfte Saatfeld liegen,
Und um des Jahres Ernte ist's getan.

M a x. Oh! laß den Kaiser Friede machen, Vater!   500
Den blut'gen Lorbeer geb ich hin mit Freuden
Fürs erste Veilchen, das der März uns bringt,
Das duftige Pfand der neuverjüngten Erde.

O c t a v i o.
Wie wird dir? Was bewegt dich so auf einmal?

M a x. Ich hab den Frieden nie gesehn? – Ich hab ihn
Gesehen, alter Vater, eben komm ich –
Jetzt eben davon her – es führte mich
Der Weg durch Länder, wo der Krieg nicht hin-
Gekommen – oh! das Leben, Vater,
Hat Reize, die wir nie gekannt. – Wir haben   510
Des schönen Lebens öde Küste nur
Wie ein umirrend Räubervolk befahren,
Das, in sein dumpfig-enges Schiff gepreßt,
Im wüsten Meer mit wüsten Sitten haust,
Vom großen Land nichts als die Buchten kennt,
Wo es die Diebeslandung wagen darf.
Was in den innern Tälern Köstliches
Das Land verbirgt, oh! davon – davon ist
Auf unsrer wilden Fahrt uns nichts erschienen.

O c t a v i o *(wird aufmerksam).*
Und hätt' es diese Reise dir gezeigt?   520

M a x. Es war die erste Muße meines Lebens.
Sag mir, was ist der Arbeit Ziel und Preis,
Der peinlichen, die mir die Jugend stahl,
Das Herz mir öde ließ und unerquickt
Den Geist, den keine Bildung noch geschmücket?
Denn dieses Lagers lärmendes Gewühl,
Der Pferde Wiehern, der Trompete Schmettern,

Des Dienstes immer gleichgestellte Uhr,
Die Waffenübung, das Kommandowort –
Dem Herzen gibt es nichts, dem lechzenden.   530
Die Seele fehlt dem nichtigen Geschäft –
Es gibt ein andres Glück und andre Freuden.
Octavio.
Viel lerntest du auf diesem kurzen Weg, mein Sohn!
Max. O schöner Tag! wenn endlich der Soldat
Ins Leben heimkehrt, in die Menschlichkeit,
Zum frohen Zug die Fahnen sich entfalten,
Und heimwärts schlägt der sanfte Friedensmarsch.
Wenn alle Hüte sich und Helme schmücken
Mit grünen Maien, dem letzten Raub der Felder!
Der Städte Tore gehen auf, von selbst,   540
Nicht die Petarde braucht sie mehr zu sprengen;
Von Menschen sind die Wälle rings erfüllt,
Von friedlichen, die in die Lüfte grüßen –
Hell klingt von allen Türmen das Geläut,
Des blut'gen Tages frohe Vesper schlagend.
Aus Dörfern und aus Städten wimmelnd strömt
Ein jauchzend Volk, mit liebend emsiger
Zudringlichkeit des Heeres Fortzug hindernd –
Da schüttelt, froh des noch erlebten Tags,
Dem heimgekehrten Sohn der Greis die Hände.   550
Ein Fremdling tritt er in sein Eigentum,
Das längstverlaßne, ein; mit breiten Ästen
Deckt ihn der Baum bei seiner Wiederkehr,
Der sich zur Gerte bog, als er gegangen,
Und schamhaft tritt als Jungfrau ihm entgegen,
Die er einst an der Amme Brust verließ.
Oh! glücklich, wem dann auch sich eine Tür,
Sich zarte Arme sanft umschlingend öffnen –
Questenberg (gerührt).
Oh! daß Sie von so ferner, ferner Zeit,
Und nicht von morgen, nicht von heute sprechen!   560
Max (mit Heftigkeit sich zu ihm wendend).
Wer sonst ist schuld daran als ihr in Wien? –
Ich will's nur frei gestehen, Questenberg!
Als ich vorhin Sie stehen sah, es preßte
Der Unmut mir das Innerste zusammen –
Ihr seid es, die den Frieden hindern, ihr!
Der Krieger ist's, der ihn erzwingen muß.

Dem Fürsten macht ihr 's Leben sauer, macht
Ihm alle Schritte schwer, ihr schwärzt ihn an –
Warum? Weil an Europas großem Besten
Ihm mehr liegt als an ein paar Hufen Landes,   570
Die Östreich mehr hat oder weniger –
Ihr macht ihn zum Empörer und, Gott weiß!
Zu was noch mehr, weil er die Sachsen schont,
Beim Feind Vertrauen zu erwecken sucht,
Das doch der einz'ge Weg zum Frieden ist;
Denn hört der Krieg im Kriege nicht schon auf,
Woher soll Friede kommen? – Geht nur, geht!
Wie ich das Gute liebe, haß ich euch –
Und hier gelob ich's an, verspritzen will ich
Für ihn, für diesen Wallenstein, mein Blut,   580
Das letzte meines Herzens, tropfenweis, eh' daß
Ihr über seinen Fall frohlocken sollt! *(Er geht ab.)*

FÜNFTER AUFTRITT

Questenberg. Octavio Piccolomini.

Q u e s t e n b e r g. O weh uns! Steht es so?
(Dringend und ungeduldig.)
Freund, und wir lassen ihn in diesem Wahn
Dahingehn, rufen ihn nicht gleich
Zurück, daß wir die Augen auf der Stelle
Ihm öffnen?
O c t a v i o *(aus einem tiefen Nachdenken zu sich kom-*
mend).   *Mir* hat er sie jetzt geöffnet,
Und mehr erblick ich, als mich freut.
Q u e s t e n b e r g. Was ist es, Freund?
O c t a v i o.   Fluch über diese Reise!
Q u e s t e n b e r g. Wieso? Was ist es?
O c t a v i o.   Kommen Sie! Ich muß   590
Sogleich die unglückselige Spur verfolgen,
Mit meinen Augen sehen – Kommen Sie –
(Will ihn fortführen.)
Q u e s t e n b e r g. Was denn? Wohin?
O c t a v i o *(pressiert).*   Zu ihr!
Q u e s t e n b e r g.   Zu –
O c t a v i o *(korrigiert sich).*
Zum Herzog! Gehn wir. Oh! ich fürchte alles.

Ich seh' das Netz geworfen über ihn,
Er kommt mir nicht zurück, wie er gegangen.
Q u e s t e n b e r g. Erklären Sie mir nur –
O c t a v i o.   Und konnt' ich's nicht
Vorhersehn? Nicht die Reise hintertreiben?
Warum verschwieg ich's ihm? – Sie hatten recht,
Ich mußt' ihn warnen – Jetzo ist's zu spät.   600
Q u e s t e n b e r g.
Was ist zu spät? Besinnen Sie sich, Freund,
Daß Sie in lauter Rätseln zu mir reden.
O c t a v i o *(gefaßter)*.
Wir gehn zum Herzog. Kommen Sie. Die Stunde
Rückt auch heran, die er zur Audienz
Bestimmt hat. Kommen Sie! –
Verwünscht! dreimal verwünscht sei diese Reise!
(Er führt ihn weg. Der Vorhang fällt.)

ZWEITER AUFZUG

Saal beim Herzog von Friedland

ERSTER AUFTRITT

Bediente setzen Stühle und breiten Fußteppiche aus. Gleich darauf Seni, der Astrolog, wie ein italienischer Doktor schwarz und etwas phantastisch gekleidet. Er tritt in die Mitte des Saals, ein weißes Stäbchen in der Hand, womit er die Himmelsgegenden bezeichnet.

B e d i e n t e r *(mit einem Rauchfaß herumgehend)*.
Greift an! Macht, daß ein Ende wird! Die Wache
Ruft ins Gewehr. Sie werden gleich erscheinen.
Z w e i t e r   B e d i e n t e r.
Warum denn aber ward die Erkerstube,
Die rote, abbestellt, die doch so leuchtet?   610
E r s t e r   B e d i e n t e r.
Da frag den Mathematikus. Der sagt,
Es sei ein Unglückszimmer.
Z w e i t e r   B e d i e n t e r. Narrenspossen!

Das heißt die Leute scheren. Saal ist Saal.
Was kann der Ort viel zu bedeuten haben?
S e n i *(mit Gravität)*.
Mein Sohn! Nichts in der Welt ist unbedeutend.
Das Erste aber und Hauptsächlichste
Bei allem ird'schen Ding ist Ort und Stunde.
D r i t t e r B e d i e n t e r.
Laß dich mit dem nicht ein, Nathanael.
Muß ihm der Herr doch selbst den Willen tun.
S e n i *(zählt die Stühle)*.
Eilf! Eine böse Zahl. Zwölf Stühle setzt,   620
Zwölf Zeichen hat der Tierkreis; Fünf und Sieben,
Die heil'gen Zahlen, liegen in der Zwölfe.
Z w e i t e r B e d i e n t e r.
Was habt Ihr gegen Eilf? Das laßt mich wissen.
S e n i. Eilf ist die Sünde. Eilfe überschreitet
Die zehn Gebote.
Z w e i t e r B e d i e n t e r.   So? Und warum nennt Ihr
Die Fünfe eine heil'ge Zahl?
S e n i.   Fünf ist
Des Menschen Seele. Wie der Mensch aus Gutem
Und Bösem ist gemischt, so ist die Fünfe
Die erste Zahl aus Grad' und Ungerade.
E r s t e r B e d i e n t e r.
Der Narr!
D r i t t e r B e d i e n t e r.   Ei, laß ihn doch! Ich hör ihm gerne zu,   630
Denn mancherlei doch denkt sich bei den Worten.
Z w e i t e r B e d i e n t e r.
Hinweg! Sie kommen! Da! zur Seitentür hinaus.
      (Sie eilen fort. Seni folgt langsam.)

ZWEITER AUFTRITT

Wallenstein. Die Herzogin.

W a l l e n s t e i n.
Nun, Herzogin? Sie haben Wien berührt,
Sich vorgestellt der Königin von Ungarn?
H e r z o g i n.
Der Kaiserin auch. Bei beiden Majestäten
Sind wir zum Handkuß zugelassen worden.

Wallenstein.
    Wie nahm man's auf, daß ich Gemahlin, Tochter
    Zu dieser Winterszeit ins Feld beschieden?
Herzogin. Ich tat nach Ihrer Vorschrift, führte an,
    Sie hätten über unser Kind bestimmt   640
    Und möchten gern dem künftigen Gemahl
    Noch vor dem Feldzug die Verlobte zeigen.
Wallenstein.
    Mutmaßte man die Wahl, die ich getroffen?
Herzogin.
    Man wünschte wohl, sie möcht' auf keinen fremden
    Noch lutherischen Herrn gefallen sein.
Wallenstein. Was wünschen Sie, Elisabeth?
Herzogin. Ihr Wille, wissen Sie, war stets der meine.
Wallenstein (nach einer Pause).
    Nun – Und wie war die Aufnahm' sonst am Hofe?
        (Herzogin schlägt die Augen nieder und schweigt.)
    Verbergen Sie mir nichts – Wie war's damit?
Herzogin.
    Oh! mein Gemahl – Es ist nicht alles mehr   650
    Wie sonst – Es ist ein Wandel vorgegangen.
Wallenstein.
    Wie? Ließ man's an der alten Achtung fehlen?
Herzogin.
    Nicht an der Achtung. Würdig und voll Anstand
    War das Benehmen – aber an die Stelle
    Huldreich vertraulicher Herablassung
    War feierliche Förmlichkeit getreten.
    Ach! und die zarte Schonung, die man zeigte,
    Sie hatte mehr vom Mitleid als der Gunst.
    Nein! Herzog Albrechts fürstliche Gemahlin,
    Graf Harrachs edle Tochter, hätte so –   660
    Nicht eben so empfangen werden sollen!
Wallenstein.
    Man schalt gewiß mein neuestes Betragen?
Herzogin. O hätte man's getan! – Ich bin's von lang her
    Gewohnt, Sie zu entschuldigen, zufrieden
    Zu sprechen die entrüsteten Gemüter –
    Nein, niemand schalt Sie – Man verhüllte sich
    In ein so lastend feierliches Schweigen.
    Ach! hier ist kein gewöhnlich Mißverständnis, keine
    Vorübergehende Empfindlichkeit –

Etwas unglücklich, unersetzliches ist   670
Geschehn – Sonst pflegte mich die Königin
Von Ungarn immer ihre liebe Muhme
Zu nennen, mich beim Abschied zu umarmen.
W a l l e n s t e i n. Jetzt unterließ sie's?
H e r z o g i n *(ihre Tränen trocknend, nach einer Pause).*
                           Sie umarmte mich,
   Doch erst, als ich den Urlaub schon genommen, schon
   Der Türe zuging, kam sie auf mich zu,
   Schnell, als besänne sie sich erst, und drückte
   Mich an den Busen, mehr mit schmerzlicher
   Als zärtlicher Bewegung.
W a l l e n s t e i n *(ergreift ihre Hand).*   Fassen Sie sich! –
   Wie war's mit Eggenberg, mit Lichtenstein   680
   Und mit den andern Freunden?
H e r z o g i n *(den Kopf schüttelnd).*   Keinen sah ich.
W a l l e n s t e i n. Und der hispanische Conte Ambassador,
   Der sonst so warm für mich zu sprechen pflegte?
H e r z o g i n. Er hatte keine Zunge mehr für Sie.
W a l l e n s t e i n.
   Die Sonnen also scheinen uns nicht mehr,
   Fortan muß eignes Feuer uns erleuchten.
H e r z o g i n. Und wär' es? Teurer Herzog, wär's an dem,
   Was man am Hofe leise flüstert, sich
   Im Lande laut erzählt – was Pater Lamormain
   Durch einige Winke –
W a l l e n s t e i n *(schnell).* Lamormain! Was sagt der? 690
H e r z o g i n. Man zeihe Sie verwegner Überschreitung
   Der anvertrauten Vollmacht, freventlicher
   Verhöhnung höchster, kaiserlicher Befehle.
   Die Spanier, der Bayern stolzer Herzog
   Stehen auf als Kläger wider Sie –
   Ein Ungewitter zieh' sich über Ihnen
   Zusammen, noch weit drohender als jenes,
   Das Sie vordem zu Regenspurg gestürzt.
   Man spreche, sagt er – ach! ich kann's nicht sagen –
W a l l e n s t e i n *(gespannt).*   Nun?
H e r z o g i n.
   Von einer zweiten – *(Sie stockt.)*
W a l l e n s t e i n.   Zweiten –
H e r z o g i n.   Schimpflichern   700
   – Absetzung.

W a l l e n s t e i n.
                    Spricht man?
          (Heftig bewegt durch das Zimmer gehend.)
                              Oh! sie zwingen mich, sie stoßen
     Gewaltsam, wider meinen Willen, mich hinein.
H e r z o g i n *(sich bittend an ihn schmiegend).*
     Oh! wenn's noch Zeit ist, mein Gemahl – Wenn es
     Mit Unterwerfung, mit Nachgiebigkeit
     Kann abgewendet werden – Geben Sie nach –
     Gewinnen Sie's dem stolzen Herzen ab,
     Es ist Ihr Herr und Kaiser, dem Sie weichen.
     Oh! lassen Sie es länger nicht geschehn,
     Daß hämische Bosheit Ihre gute Absicht
     Durch giftige, verhaßte Deutung schwärze.   710
     Mit Siegeskraft der Wahrheit stehen Sie auf,
     Die Lügner, die Verleumder zu beschämen.
     Wir haben so der guten Freunde wenig.
     Sie wissen's! Unser schnelles Glück hat uns
     Dem Haß der Menschen bloßgestellt – Was sind wir,
     Wenn kaiserliche Huld sich von uns wendet!

                    DRITTER AUFTRITT

Gräfin Terzky, welche die Prinzessin Thekla an der Hand
          führt, zu den Vorigen.

G r ä f i n. Wie, Schwester? Von Geschäften schon die Rede
     Und, wie ich seh, nicht von erfreulichen,
     Eh' er noch seines Kindes froh geworden?
     Der Freude gehört der erste Augenblick.   720
     Hier, Vater Friedland! das ist deine Tochter!
(Thekla nähert sich ihm schüchtern und will sich auf seine
Hand beugen; er empfängt sie in seinen Armen und bleibt
          einige Zeit in ihrem Anschauen verloren stehen.)
W a l l e n s t e i n.
     Ja! Schön ist mir die Hoffnung aufgegangen.
     Ich nehme sie zum Pfande größern Glücks.
H e r z o g i n. Ein zartes Kind noch war sie, als Sie gingen,
     Das große Heer dem Kaiser aufzurichten.
     Hernach, als Sie vom Feldzug heimgekehrt
     Aus Pommern, war die Tochter schon im Stifte,
     Wo sie geblieben ist bis jetzt.

Wallenstein.   Indes
  Wir hier im Feld gesorgt, sie groß zu machen,
  Das höchste Irdische ihr zu erfechten,   730
  Hat Mutter Natur in stillen Klostermauern
  Das Ihrige getan, dem lieben Kind
  Aus freier Gunst das Göttliche gegeben
  Und führt sie ihrem glänzenden Geschick
  Und meiner Hoffnung schön geschmückt entgegen.
Herzogin *(zur Prinzessin)*.
  Du hättest deinen Vater wohl nicht wieder
  Erkannt, mein Kind? Kaum zähltest du acht Jahre,
  Als du sein Angesicht zuletzt gesehn.
Thekla. Doch, Mutter, auf den ersten Blick – mein Vater
  Hat nicht gealtert – Wie sein Bild in mir gelebt,   740
  So steht er blühend jetzt vor meinen Augen.
Wallenstein *(zur Herzogin)*.
  Das holde Kind! Wie fein bemerkt und wie
  Verständig! Sieh, ich zürnte mit dem Schicksal,
  Daß mir's den Sohn versagt, der meines Namens
  Und meines Glückes Erbe könnte sein,
  In einer stolzen Linie von Fürsten
  Mein schnell verlöschtes Dasein weiter leiten.
  Ich tat dem Schicksal Unrecht. Hier auf dieses
  Jungfräulich blühende Haupt will ich den Kranz
  Des kriegerischen Lebens niederlegen;   750
  Nicht für verloren acht ich's, wenn ich's einst,
  In einen königlichen Schmuck verwandelt,
  Um diese schöne Stirne flechten kann.
(Er hält sie in seinen Armen, wie Piccolomini hereintritt.)

VIERTER AUFTRITT

*Max Piccolomini und bald darauf Graf Terzky zu den
Vorigen.*

Gräfin. Da kommt der Paladin, der uns beschützte.
Wallenstein.
  Sei mir willkommen, Max. Stets warst du mir
  Der Bringer irgendeiner schönen Freude,
  Und, wie das glückliche Gestirn des Morgens,
  Führst du die Lebenssonne mir herauf.
Max. Mein General –

W a l l e n s t e i n .   Bis jetzt war es der Kaiser,
   Der dich durch meine Hand belohnt. Heut hast du   760
   Den Vater dir, den glücklichen, verpflichtet,
   Und diese Schuld muß Friedland selbst bezahlen.
M a x .   Mein Fürst! Du eiltest sehr, sie abzutragen.
   Ich komme mit Beschämung, ja mit Schmerz;
   Denn kaum bin ich hier angelangt, hab Mutter
   Und Tochter deinen Armen überliefert,
   So wird aus deinem Marstall, reich geschirrt,
   Ein prächt'ger Jagdzug mir von dir gebracht,
   Für die gehabte Müh' mich abzulohnen.
   Ja, ja, mich abzulohnen. Eine Müh',   770
   Ein Amt bloß war's! Nicht eine Gunst, für die
   Ich's vorschnell nahm und dir schon volles Herzens
   Zu danken kam – Nein, so war's nicht gemeint,
   Daß mein Geschäft mein schönstes Glück sein sollte!
(Terzky tritt herein und übergibt dem Herzog Briefe, welche
dieser schnell erbricht.)
G r ä f i n *(zu Max).* Belohnt er Ihre Mühe? Seine Freude
   Vergilt er Ihnen. Ihnen steht es an,
   So zart zu denken; meinem Schwager ziemt's,
   Sich immer groß und fürstlich zu beweisen.
T h e k l a .   So müßt' auch ich an seiner Liebe zweifeln,
   Denn seine gütigen Hände schmückten mich,   780
   Noch eh' das Herz des Vaters mir gesprochen.
M a x .   Ja, er muß immer geben und beglücken!
(Er ergreift der Herzogin Hand, mit steigender Wärme.)
   Was dank ich ihm nicht alles – oh! was sprech ich
   Nicht alles aus in diesem teuren Namen Friedland!
   Zeitlebens soll ich ein Gefangner sein
   Von diesem Namen – darin blühen soll
   Mir jedes Glück und jede schöne Hoffnung –
   Fest, wie in einem Zauberringe, hält
   Das Schicksal mich gebannt in diesem Namen.
G r ä f i n *(welche unterdessen den Herzog sorgfältig be-*
obachtet, bemerkt, daß er bei den Briefen nachdenkend
geworden.)
   Der Bruder will allein sein. Laßt uns gehen.   790
W a l l e n s t e i n *(wendet sich schnell um, faßt sich und*
spricht heiter zur Herzogin.)
   Noch einmal, Fürstin, heiß ich Sie im Feld willkommen.
   Sie sind die Wirtin dieses Hofs – Du, Max,

Wirst diesmal noch dein altes Amt verwalten,
Indes wir hier des Herrn Geschäfte treiben.
(*Max Piccolomini bietet der Herzogin den Arm, Gräfin
führt die Prinzessin ab.*)
T e r z k y (*ihm nachrufend*).
Versäumt nicht, der Versammlung beizuwohnen.

FÜNFTER AUFTRITT

Wallenstein. Terzky.

W a l l e n s t e i n (*in tiefem Nachdenken zu sich selbst*).
Sie hat ganz recht gesehn – So ist's und stimmt
Vollkommen zu den übrigen Berichten –
Sie haben ihren letzten Schluß gefaßt
In Wien, mir den Nachfolger schon gegeben.
Der Ungarn König ist's, der Ferdinand,   800
Des Kaisers Söhnlein, der ist jetzt ihr Heiland,
Das neu aufgehende Gestirn! Mit uns
Gedenkt man fertig schon zu sein, und wie
Ein Abgeschiedner sind wir schon beerbet.
Drum keine Zeit verloren!
(*Indem er sich umwendet, bemerkt er den Terzky und
gibt ihm einen Brief.*)
Graf Altringer läßt sich entschuldigen,
Auch Gallas – Das gefällt mir nicht.
T e r z k y.   Und wenn du
Noch länger säumst, bricht einer nach dem andern.
W a l l e n s t e i n. Der Altringer hat die Tiroler Pässe,
Ich muß ihm einen schicken, daß er mir   810
Die Spanier aus Mailand nicht hereinläßt.
– Nun! der Sesin, der alte Unterhändler,
Hat sich ja kürzlich wieder blicken lassen.
Was bringt er uns vom Grafen Thurn?
T e r z k y.   Der Graf entbietet dir,
Er hab' den schwed'schen Kanzler aufgesucht
Zu Halberstadt, wo jetzo der Konvent ist:
Der aber sagt', er sei es müd und wolle
Nichts weiter mehr mit dir zu schaffen haben.
W a l l e n s t e i n.
Wieso?
T e r z k y.   Es sei dir nimmer Ernst mit deinen Reden,

Du wollst die Schweden nur zum Narren haben,   820
Dich mit den Sachsen gegen sie verbinden,
Am Ende sie mit einem elenden Stück Geldes
Abfertigen.

W a l l e n s t e i n.   So! Meint er wohl, ich soll ihm
Ein schönes deutsches Land zum Raube geben,
Daß wir zuletzt auf eignem Grund und Boden
Selbst nicht mehr Herren sind? Sie müssen fort,
Fort, fort! Wir brauchen keine solche Nachbarn.

T e r z k y. Gönn ihnen doch das Fleckchen Land, geht's ja
Nicht von dem deinen! Was bekümmert's dich,
Wenn du das Spiel gewinnest, wer es zahlt.   830

W a l l e n s t e i n.
Fort, fort mit ihnen – das verstehst du nicht.
Es soll nicht von mir heißen, daß ich Deutschland
Zerstücket hab', verraten an den Fremdling,
Um meine Portion mir zu erschleichen.
Mich soll das Reich als seinen Schirmer ehren,
Reichsfürstlich mich erweisend, will ich würdig
Mich bei des Reiches Fürsten niedersetzen.
Es soll im Reiche keine fremde Macht
Mir Wurzel fassen, und am wenigsten
Die Goten sollen's, diese Hungerleider,   840
Die nach dem Segen unsers deutschen Landes
Mit Neidesblicken raubbegierig schauen.
Beistehen sollen sie mir in meinen Planen
Und dennoch nichts dabei zu fischen haben.

T e r z k y. Doch mit den Sachsen willst du ehrlicher
Verfahren? Sie verlieren die Geduld,
Weil du so krumme Wege machst –
Was sollen alle diese Masken? sprich!
Die Freunde zweifeln, werden irr an dir –
Der Oxenstirn, der Arnheim, keiner weiß,   850
Was er von deinem Zögern halten soll.
Am End' bin ich der Lügner, alles geht
Durch mich. Ich hab nicht einmal deine Handschrift.

W a l l e n s t e i n.
Ich geb nichts Schriftliches von mir, du weißt's.

T e r z k y. Woran erkennt man aber deinen Ernst,
Wenn auf das Wort die Tat nicht folgt? Sag selbst,
Was du bisher verhandelt mit dem Feind,
Hätt' alles auch recht gut geschehn sein können,

Wenn du nichts mehr damit gewollt, als ihn
Zum besten haben.   860
W a l l e n s t e i n *(nach einer Pause, indem er ihn scharf*
ansieht).
Und woher weißt du, daß ich ihn nicht wirklich
Zum besten habe? Daß ich nicht euch alle
Zum besten habe? Kennst du mich so gut?
Ich wüßte nicht, daß ich mein Innerstes
Dir aufgetan – Der Kaiser, es ist wahr,
Hat übel mich behandelt! – *Wenn* ich wollte,
Ich könnt' ihm recht viel Böses dafür tun.
Es macht mir Freude, meine Macht zu kennen;
Ob ich sie wirklich brauchen werde, *davon*, denk ich,
Weißt *du* nicht mehr zu sagen als ein andrer.   870
T e r z k y. So hast du stets dein Spiel mit uns getrieben!

SECHSTER AUFTRITT

Illo zu den Vorigen.

W a l l e n s t e i n.
Wie steht es draußen? Sind sie vorbereitet?
I l l o. Du findest sie in der Stimmung, wie du wünschest.
Sie wissen um des Kaisers Forderungen
Und toben.
W a l l e n s t e i n.   Wie erklärt sich Isolan?
I l l o. Der ist mit Leib und Seele dein, seitdem du
Die Pharobank ihm wieder aufgerichtet.
W a l l e n s t e i n.
Wie nimmt sich der Colalto? Hast du dich
Des Deodat und Tiefenbach versichert?
I l l o. Was Piccolomini tut, das tun sie auch.   880
W a l l e n s t e i n.
So, meinst du, kann ich was mit ihnen wagen?
I l l o. – Wenn du der Piccolomini gewiß bist.
W a l l e n s t e i n. Wie meiner selbst. *Die* lassen nie von mir.
T e r z k y. Doch wollt' ich, daß du dem Octavio,
Dem Fuchs, nicht so viel trautest.
W a l l e n s t e i n.   Lehre du
Mich meine Leute kennen. Sechzehnmal
Bin ich zu Feld gezogen mit dem Alten,
– Zudem – ich hab sein Horoskop gestellt,

Wir sind geboren unter gleichen Sternen –
Und kurz – *(geheimnisvoll)*
             Es hat damit sein eigenes Bewenden.   890
Wenn du mir also gutsagst für die andern –
I l l o. Es ist nur *eine* Stimme unter allen:
  Du dürf'st das Regiment nicht niederlegen.
  Sie werden an dich deputieren, hör ich.
W a l l e n s t e i n. Wenn ich mich gegen *sie* verpflichten soll,
  So müssen sie's auch gegen mich.
I l l o.   Versteht sich.
W a l l e n s t e i n.
  Parole müssen sie mir geben, eidlich, schriftlich,
  Sich meinem Dienst zu weihen, *unbedingt*.
I l l o. Warum nicht?
T e r z k y.   *Unbedingt?* Des Kaisers Dienst,
  Die Pflichten gegen Östreich werden sie   900
  Sich immer vorbehalten.
W a l l e n s t e i n *(den Kopf schüttelnd).*   Unbedingt
  Muß ich sie haben. Nichts von Vorbehalt!
I l l o. Ich habe einen Einfall – Gibt uns nicht
  Graf Terzky ein Bankett heut abend?
T e r z k y.   Ja,
  Und alle Generale sind geladen.
I l l o *(zum Wallenstein).*
  Sag! Willst du völlig freie Hand mir lassen?
  Ich schaffe dir das Wort der Generale,
  So wie du's wünschest.
W a l l e n s t e i n.   Schaff mir ihre Handschrift.
  Wie du dazu gelangen magst, ist deine Sache.
I l l o. Und wenn ich dir's nun bringe, schwarz auf weiß, 910
  Daß alle Chefs, die hier zugegen sind,
  Dir blind sich überliefern – Willst du dann
  Ernst machen endlich, mit beherzter Tat
  Das Glück versuchen?
W a l l e n s t e i n.   Schaff' mir die Verschreibung!
I l l o. Bedenke, was du tust! Du kannst des Kaisers
  Begehren nicht erfüllen – kannst das Heer
  Nicht schwächen lassen – nicht die Regimenter
  Zum Spanier stoßen lassen, willst du nicht
  Die Macht auf ewig aus den Händen geben.
  Bedenk das andre auch! Du kannst des Kaisers   920
  Befehl und ernste Ordre nicht verhöhnen,

Nicht länger Ausflucht suchen, temporisieren,
Willst du nicht förmlich brechen mit dem Hof.
Entschließ dich! Willst du mit entschloßner Tat
Zuvor ihm kommen? Willst du, ferner zögernd,
Das Äußerste erwarten?
Wallenstein.   Das geziemt sich,
Eh' man das Äußerste beschließt!
Illo. Oh! nimm der Stunde wahr, eh' sie entschlüpft.
So selten kommt der Augenblick im Leben,
Der wahrhaft wichtig ist und groß. Wo eine   930
Entscheidung soll geschehen, da muß vieles
Sich glücklich treffen und zusammenfinden –
Und einzeln nur, zerstreuet zeigen sich
Des Glückes Fäden, die Gelegenheiten,
Die, nur in *einen* Lebenspunkt zusammen-
Gedrängt, den schweren Früchteknoten bilden.
Sieh! Wie entscheidend, wie verhängnisvoll
Sich's jetzt um dich zusammenzieht! – Die Häupter
Des Heers, die besten, trefflichsten, um dich,
Den königlichen Führer, her versammelt,   940
Nur deinen Wink erwarten sie – Oh! laß
Sie so nicht wieder auseinandergehen!
So einig führst du sie im ganzen Lauf
Des Krieges nicht zum zweitenmal zusammen.
Die hohe Flut ist's, die das schwere Schiff
Vom Strande hebt – Und jedem einzelnen
Wächst das Gemüt im großen Strom der Menge.
Jetzt hast du sie, jetzt noch! Bald sprengt der Krieg
Sie wieder auseinander, dahin, dorthin –
In eignen kleinen Sorgen und Intressen   950
Zerstreut sich der gemeine Geist. Wer heute,
Vom Strome fortgerissen, sich vergißt,
Wird nüchtern werden, sieht er sich allein,
Nur seine Ohnmacht fühlen und geschwind
Umlenken in die alte, breitgetretne
Fahrstraße der gemeinen Pflicht, nur wohl-
Behalten unter Dach zu kommen suchen.
Wallenstein. Die Zeit ist noch nicht da.
Terzky.   So sagst du immer.
Wann aber wird es Zeit sein?
Wallenstein.   Wenn ich's sage.
Illo. Oh! du wirst auf die Sternenstunde warten,   960

Bis dir die irdische entflieht! Glaub mir,
In deiner Brust sind deines Schicksals Sterne.
Vertrauen zu dir selbst, Entschlossenheit
Ist deine Venus! Der Maleficus,
Der einz'ge, der dir schadet, ist der *Zweifel*.

Wallenstein.

Du redst, wie du's verstehst. Wie oft und vielmals
Erklärt' ich dir's! – *Dir* stieg der Jupiter
Hinab bei der Geburt, der helle Gott;
Du kannst in *die* Geheimnisse nicht schauen.
Nur in der Erde magst du finster wühlen,   970
Blind wie der Unterirdische, der mit dem bleichen
Bleifarbnen Schein ins Leben dir geleuchtet.
Das Irdische, Gemeine magst du sehn,
Das Nächste mit dem Nächsten klug verknüpfen;
Darin vertrau ich dir und glaube dir.
Doch, was geheimnisvoll bedeutend webt
Und bildet in den Tiefen der Natur, –
Die Geisterleiter, die aus dieser Welt des Staubes
Bis in die Sternenwelt, mit tausend Sprossen,
Hinauf sich baut, an der die himmlischen   980
Gewalten wirkend auf und nieder wandeln,
– Die Kreise in den Kreisen, die sich eng
Und enger ziehn um die zentralische Sonne –
Die sieht das Aug' nur, das entsiegelte,
Der hellgebornen, heitern Jovisskinder.
(*Nachdem er einen Gang durch den Saal gemacht, bleibt
er stehen und fährt fort.*)
Die himmlischen Gestirne machen nicht
Bloß Tag und Nacht, Frühling und Sommer – nicht
Dem Sämann bloß bezeichnen sie die Zeiten
Der Aussaat und der Ernte. Auch des Menschen Tun
Ist eine Aussaat von Verhängnissen,   990
Gestreuet in der Zukunft dunkles Land,
Den Schicksalsmächten hoffend übergeben.
Da tut es not, die Saatzeit zu erkunden,
Die rechte Sternenstunde auszulesen,
Des Himmels *Häuser* forschend zu durchspüren,
Ob nicht der Feind des Wachsens und Gedeihens
In seinen *Ecken* schadend sich verberge.
    Drum laßt mir Zeit. Tut ihr indes das Eure.
Ich kann jetzt noch nicht sagen, was ich tun will.

 Nachgeben aber werd ich nicht. Ich nicht!   1000
 Absetzen sollen sie mich auch nicht – Darauf
 Verlaßt euch.
Kammerdiener *(kommt).*
    Die Herrn Generale.
Wallenstein.   Laß sie kommen.
Terzky. Willst du, daß alle Chefs zugegen seien?
Wallenstein. Das braucht's nicht. Beide Piccolomini,
 Maradas, Buttler, Forgatsch, Deodat,
 Caraffa, Isolani mögen kommen.
   (Terzky geht hinaus mit dem Kammerdiener.)
Wallenstein *(zu Illo).*
 Hast du den Questenberg bewachen lassen?
 Sprach er nicht ein'ge in geheim?
Illo. Ich hab ihn scharf bewacht. Er war mit niemand
 Als dem Octavio.   1010

SIEBENTER AUFTRITT

Vorige. Questenberg, beide Piccolomini, Buttler, Isolani,
Maradas und noch drei andere Generale treten herein. Auf
den Wink des Generals nimmt Questenberg ihm gerad
gegenüber Platz, die andern folgen nach ihrem Range. Es
herrscht eine augenblickliche Stille.

Wallenstein.
 Ich hab den Inhalt Ihrer Sendung zwar
 Vernommen, Questenberg, und wohl erwogen,
 Auch meinen Schluß gefaßt, den nichts mehr ändert.
 Doch, es gebührt sich, daß die Kommandeurs
 Aus Ihrem Mund des Kaisers Willen hören –
 Gefall' es Ihnen denn, sich Ihres Auftrags
 Vor diesen edeln Häuptern zu entledigen.
Questenberg.
 Ich bin bereit, doch bitt ich zu bedenken,
 Daß kaiserliche Herrschgewalt und Würde
 Aus meinem Munde spricht, nicht eigne Kühnheit. 1020
Wallenstein. Den Eingang spart.
Questenberg.   Als Seine Majestät
 Der Kaiser ihren mutigen Armeen
 Ein ruhmgekröntes, kriegserfahrnes Haupt
 Geschenkt in der Person des Herzogs Friedland,

Geschah's in froher Zuversicht, das Glück
Des Krieges schnell und günstig umzuwenden.
Auch war der Anfang ihren Wünschen hold,
Gereiniget ward Böheim von den Sachsen,
Der Schweden Siegeslauf gehemmt – es schöpften
Aufs neue leichten Atem diese Länder,   1030
Als Herzog Friedland die zerstreuten Feindesheere
Herbei von allen Strömen Deutschlands zog,
Herbei auf *einen* Sammelplatz beschwor
Den Rheingraf, Bernhard, Banner, Oxenstirn
Und jenen nie besiegten König selbst,
Um endlich hier im Angesichte Nürnbergs
Das blutig große Kampfspiel zu entscheiden.
W a l l e n s t e i n. Zur Sache, wenn's beliebt.
Q u e s t e n b e r g.   Ein neuer Geist
Verkündigte sogleich den neuen Feldherrn.
Nicht blinde Wut mehr rang mit blinder Wut,   1040
In hellgeschiednem Kampfe sah man jetzt
Die Festigkeit der Kühnheit widerstehn
Und weise Kunst die Tapferkeit ermüden.
Vergebens lockt man ihn zur Schlacht, er gräbt
Sich tief und tiefer nur im Lager ein,
Als gält' es, hier ein ewig Haus zu gründen.
Verzweifelnd endlich will der König stürmen,
Zur Schlachtbank reißt er seine Völker hin,
Die ihm des Hungers und der Seuchen Wut
Im leichenvollen Lager langsam tötet.   1050
Durch den Verhack des Lagers, hinter welchem
Der Tod aus tausend Röhren lauert, will
Der Niegehemmte stürmend Bahn sich brechen.
Da ward ein Angriff und ein Widerstand,
Wie ihn kein glücklich Auge noch gesehn.
Zerrissen endlich führt sein Volk der König
Vom Kampfplatz heim, und nicht ein Fußbreit Erde
Gewann es ihm, das grause Menschenopfer.
W a l l e n s t e i n. Ersparen Sie's, uns aus dem Zeitungsblatt
Zu melden, was wir schaudernd selbst erlebt.   1060
Q u e s t e n b e r g.
Anklagen ist mein Amt und meine Sendung,
Es ist mein Herz, was gern beim Lob verweilt.
In Nürnbergs Lager ließ der schwedische König
Den Ruhm – in Lützens Ebenen das Leben.

Doch wer erstaunte nicht, als Herzog Friedland
Nach diesem großen Tag wie ein Besiegter
Nach Böheim floh, vom Kriegesschauplatz schwand,
Indes der junge weimarische Held
Ins Frankenland unaufgehalten drang,
Bis an die Donau reißend Bahn sich machte   1070
Und stand mit einem Mal vor Regenspurg,
Zum Schrecken aller gut kathol'schen Christen.
Da rief der Bayern wohlverdienter Fürst
Um schnelle Hilf' in seiner höchsten Not, –
Es schickt der Kaiser sieben Reitende
An Herzog Friedland ab mit dieser Bitte
Und fleht, wo er als Herr befehlen kann.
Umsonst! Es hört in diesem Augenblick
Der Herzog nur den alten Haß und Groll,
Gibt das gemeine Beste preis, die Rachgier   1080
An einem alten Feinde zu vergnügen.
Und so fällt Regenspurg!

Wallenstein.
    Von welcher Zeit ist denn die Rede, Max?
    Ich hab gar kein Gedächtnis mehr.
Max.   Er meint,
    Wie wir in Schlesien waren.
Wallenstein.   So! So! So!
    Was aber hatten wir denn dort zu tun?
Max. Die Schweden draus zu schlagen und die Sachsen.
Wallenstein.
    Recht! Über der Beschreibung da vergeß ich
    Den ganzen Krieg –
    (Zu Questenberg.)   Nur weiter fortgefahren!
Questenberg.
    Am Oderstrom vielleicht gewann man wieder,   1090
    Was an der Donau schimpflich ward verloren.
    Erstaunenswerte Dinge hoffte man
    Auf dieser Kriegesbühne zu erleben,
    Wo Friedland in Person zu Felde zog,
    Der Nebenbuhler Gustavs einen – Thurn
    Und einen Arnheim vor sich fand. Und wirklich
    Geriet man nahe g'nug hier aneinander,
    Doch, um als Freund, als Gast sich zu bewirten.
    Ganz Deutschland seufzte unter Kriegeslast,
    Doch Friede war's im Wallensteinischen Lager.   1100

Wallenstein.
  Manch blutig Treffen wird um nichts gefochten,
  Weil einen Sieg der junge Feldherr braucht.
  Ein Vorteil des bewährten Feldherrn ist's,
  Daß er nicht nötig hat, zu schlagen, um
  Der Welt zu zeigen, er versteh' zu siegen.
  Mir konnt' es wenig helfen, meines Glücks
  Mich über einen Arnheim zu bedienen;
  Viel nützte Deutschland meine Mäßigung,
  Wär' mir's geglückt, das Bündnis zwischen Sachsen
  Und Schweden, das verderbliche, zu lösen.   1110

Questenberg. Es glückte aber nicht, und so begann
  Aufs neu das blut'ge Kriegesspiel. Hier endlich
  Rechtfertigte der Fürst den alten Ruhm.
  Auf Steinaus Feldern streckt das schwedische Heer
  Die Waffen, ohne Schwertstreich überwunden –
  Und hier, mit andern, lieferte des Himmels
  Gerechtigkeit den alten Aufruhrstifter,
  Die fluchbeladne Fackel dieses Kriegs,
  Matthias Thurn, des Rächers Händen aus.
  – Doch in großmüt'ge Hand war er gefallen: 1120
  Statt Strafe fand er Lohn, und reich beschenkt
  Entließ der Fürst den Erzfeind seines Kaisers.

Wallenstein (lacht).
  Ich weiß, ich weiß – Sie hatten schon in Wien
  Die Fenster, die Balkons vorausgemietet,
  Ihn auf dem Armensünderkarrn zu sehn –
  Die Schlacht hätt' ich mit Schimpf verlieren mögen,
  Doch das vergeben mir die Wiener nicht,
  Daß ich um ein Spektakel sie betrog.

Questenberg. Befreit war Schlesien, und alles rief
  Den Herzog nun ins hartbedrängte Bayern.   1130
  Er setzt auch wirklich sich in Marsch – gemächlich
  Durchzieht er Böheim auf dem *längsten* Wege;
  Doch eh' er noch den Feind gesehen, wendet
  Er schleunig um, bezieht sein Winterlager, drückt
  Des Kaisers Länder mit des Kaisers Heer.

Wallenstein.
  Das Heer war zum Erbarmen, jede Notdurft, jede
  Bequemlichkeit gebrach – der Winter kam.
  Was denkt die Majestät von ihren Truppen?
  Sind wir nicht Menschen? Nicht der Kält' und Nässe,

Nicht jeder Notdurft sterblich unterworfen?   1140
Fluchwürdig Schicksal des Soldaten! Wo
Er hinkommt, flieht man vor ihm – wo er weggeht,
Verwünscht man ihn! Er muß sich alles nehmen;
Man gibt ihm nichts, und jeglichem gezwungen
Zu nehmen, ist er jeglichem ein Greuel.
Hier stehen meine Generals. Caraffa!
Graf Deodati! Buttler! Sagt es ihm,
Wie lang der Sold den Truppen ausgeblieben?
B u t t l e r. Ein Jahr schon fehlt die Löhnung.
W a l l e n s t e i n.   Und sein Sold
Muß dem Soldaten werden, darnach heißt er!   1150
Q u e s t e n b e r g.
Das klingt ganz anders, als der Fürst von Friedland
Vor acht, neun Jahren sich vernehmen ließ.
W a l l e n s t e i n.
Ja, meine Schuld ist es, weiß wohl, ich selbst
Hab mir den Kaiser so verwöhnt. Da! Vor neun Jahren
Beim Dänenkriege, stellt' ich eine Macht ihm auf
Von vierzigtausend Köpfen oder fünfzig,
Die aus dem eignen Säckel keinen Deut
Ihm kostete – Durch Sachsens Kreise zog
Die Kriegesfurie, bis an die Schären
Des Belts den Schrecken seines Namens tragend.   1160
Da war noch eine Zeit! Im ganzen Kaiserstaate
Kein Nam' geehrt, gefeiert wie der meine,
Und Albrecht Wallenstein, so hieß
Der dritte Edelstein in seiner Krone!
Doch auf dem Regenspurger Fürstentag,
Da brach es auf! Da lag es kund und offen,
Aus welchem Beutel ich gewirtschaft't hatte.
Und was war nun mein Dank dafür, daß ich,
Ein treuer Fürstenknecht, der Völker Fluch
Auf mich gebürdet – diesen Krieg, der nur   1170
Ihn groß gemacht, die Fürsten zahlen lassen?
Was? Aufgeopfert wurd ich ihren Klagen,
– Abgesetzt wurd ich.
Q u e s t e n b e r g.   Eure Gnaden weiß,
Wie sehr auf jenem unglückvollen Reichstag
Die Freiheit ihm gemangelt.
W a l l e n s t e i n.   Tod und Teufel!
Ich *hatte*, was ihm Freiheit schaffen konnte.

– Nein, Herr! Seitdem es mir so schlecht bekam,
Dem Thron zu dienen, auf des Reiches Kosten,
Hab ich vom Reich ganz anders denken lernen.
Vom Kaiser freilich hab ich diesen Stab,   1180
Doch führ' ich jetzt ihn als des Reiches Feldherr,
Zur Wohlfahrt aller, zu des *Ganzen* Heil,
Und nicht mehr zur Vergrößerung des *einen*!
– Zur Sache doch. Was ist's, das man von mir begehrt?
Questenberg. Fürs erste wollen Seine Majestät,
Daß die Armee ohn' Aufschub Böhmen räume.
Wallenstein.
In dieser Jahrszeit? Und wohin will man,
Daß wir uns wenden?
Questenberg.   Dahin, wo der Feind ist.
Denn Seine Majestät will Regenspurg
Vor Ostern noch vom Feind gesäubert sehn,   1190
Daß länger nicht im Dome lutherisch
Gepredigt werde – ketzerischer Greul
Des Festes reine Feier nicht besudle.
Wallenstein. Kann das geschehen, meine Generals?
Illo. Es ist nicht möglich.
Buttler.   Es kann nicht geschehn.
Questenberg.
Der Kaiser hat auch schon dem Oberst Suys
Befehl geschickt, nach Bayern vorzurücken.
Wallenstein. Was tat der Suys?
Questenberg.   Was er schuldig war.
Er rückte vor.
Wallenstein.   Er rückte vor! Und ich,
Sein Chef, gab ihm Befehl, ausdrücklichen,   1200
Nicht von dem Platz zu weichen! Steht es so
Um mein Kommando? *Das* ist der Gehorsam,
Den man mir schuldig, ohne den kein Kriegsstand
Zu denken ist? Sie, meine Generale,
Seien Richter! Was verdient der Offizier,
Der eidvergessen seine Ordre bricht?
Illo. Den Tod!
Wallenstein *(da die übrigen bedenklich schweigen, mit
erhöhter Stimme).*   Graf Piccolomini, was hat er
Verdient?
Max *(nach einer langen Pause).*
            Nach des Gesetzes Wort – den Tod!

Isolani. Den Tod!
Buttler.   Den Tod nach Kriegesrecht!
(Questenberg steht auf. Wallenstein folgt, es erheben sich
alle.)
Wallenstein.
  Dazu verdammt ihn das Gesetz, nicht ich!   1210
  Und wenn ich ihn begnadige, geschieht's
  Aus schuld'ger Achtung gegen meinen Kaiser.
Questenberg.
  Wenn's so steht, hab ich hier nichts mehr zu sagen.
Wallenstein.
  Nur auf Bedingung nahm ich dies Kommando;
  Und gleich die erste war, daß mir zum Nachteil
  Kein Menschenkind, auch selbst der Kaiser nicht,
  Bei der Armee zu sagen haben sollte.
  Wenn für den Ausgang *ich* mit meiner Ehre
  Und meinem Kopf soll haften, muß ich Herr
  Darüber sein. Was machte diesen Gustav   1220
  Unwiderstehlich, unbesiegt auf Erden?
  Dies: daß er *König* war in seinem *Heer*!
  Ein König aber, einer, der es ist,
  Ward nie besiegt noch, als durch seinesgleichen –
  Jedoch zur Sach'. Das Beste soll noch kommen.
Questenberg.
  Der Kardinal-Infant wird mit dem Frühjahr
  Aus Mailand rücken und ein spanisch Heer
  Durch Deutschland nach den Niederlanden führen.
  Damit er sicher seinen Weg verfolge,
  Will der Monarch, daß hier aus der Armee   1230
  Acht Regimenter ihn zu Pferd begleiten.
Wallenstein.
  Ich merk, ich merk – Acht Regimenter – Wohl!
  Wohl ausgesonnen, Pater Lamormain!
  Wär' der Gedank' nicht so verwünscht gescheit,
  Man wär' versucht, ihn herzlich dumm zu nennen.
  Achttausend Pferde! Ja! Ja! es ist richtig,
  Ich seh es kommen.
Questenberg.   Es ist nichts dahinter
  Zu sehn. Die Klugheit rät's, die Not gebeut's.
Wallenstein.
  Wie, mein Herr Abgesandter? Ich soll's wohl
  Nicht merken, daß man's müde ist, die Macht,   1240

Des Schwertes Griff in meiner Hand zu sehn?
Daß man begierig diesen Vorwand hascht,
Den span'schen Namen braucht, mein Volk zu mindern,
Ins Reich zu führen eine neue Macht,
Die mir nicht untergeben sei. Mich so
Gerad beiseit' zu werfen, dazu bin ich
Euch noch zu mächtig. Mein Vertrag erheischt's,
Daß alle Kaiserheere mir gehorchen,
So weit die deutsche Sprach' geredet wird.
Von span'schen Truppen aber und Infanten,   1250
Die durch das Reich als Gäste wandernd ziehn,
Steht im Vertrage nichts – Da kommt man denn
So in der Stille hinter ihm herum,
Macht mich erst schwächer, dann entbehrlich, bis
Man kürzern Prozeß kann mit mir machen.
– Wozu die krummen Wege, Herr Minister?
Gerad heraus! Den Kaiser drückt das Paktum
Mit mir. Er möchte gerne, daß ich ginge.
Ich will ihm den Gefallen tun, das war
Beschloßne Sache, Herr, noch eh' Sie kamen.   1260
(Es entsteht eine Bewegung unter den Generalen, welche
immer zunimmt.)
Es tut mir leid um meine Obersten,
Noch seh ich nicht, wie sie zu ihren vorgeschoßnen
                                               Geldern,
Zum wohlverdienten Lohne kommen werden.
Neu Regiment bringt neue Menschen auf,
Und früheres Verdienst veraltet schnell.
Es dienen viel Ausländische im Heer,
Und war der Mann nur sonsten brav und tüchtig,
Ich pflegte ihn nicht nach seinem Stammbaum
Noch seinem Katechismus viel zu fragen.
Das wird auch anders werden künftighin!   1270
Nun – mich geht's nichts mehr an. *(Er setzt sich.)*
Max.   Da sei Gott für,
Daß es bis dahin kommen soll! – Die ganze
Armee wird furchtbar gärend sich erheben –
Der Kaiser wird mißbraucht, es kann nicht sein.
Isolani.
Es kann nicht sein, denn alles ging' zu Trümmern.
Wallenstein. Das wird es, treuer Isolan. Zu Trümmern
Wird alles gehn, was wir bedächtig bauten.

Deswegen aber find't sich doch ein Feldherr,
Und auch ein Kriegsheer läuft noch wohl dem Kaiser
Zusammen, wenn die Trommel wird geschlagen.   1280

M a x *(geschäftig, leidenschaftlich von einem zum andern
gehend und sie besänftigend).*
Hör mich, mein Feldherr! Hört mich, Obersten!
Laß dich beschwören, Fürst! Beschließe nichts,
Bis wir zusammen Rat gehalten, dir
Vorstellungen getan – Kommt, meine Freunde!
Ich hoff, es ist noch alles herzustellen.

T e r z k y.
Kommt, kommt! im Vorsaal treffen wir die andern.
                    (Gehen.)

B u t t l e r *(zu Questenberg).*
Wenn guter Rat Gehör bei Ihnen findet,
Vermeiden Sie's, in diesen ersten Stunden
Sich öffentlich zu zeigen, schwerlich möchte Sie
Der goldne Schlüssel vor Mißhandlung schützen.   1290
              (Laute Bewegungen draußen.)

W a l l e n s t e i n. Der Rat ist gut – Octavio, du wirst
Für unsers Gastes Sicherheit mir haften.
Gehaben Sie sich wohl, von Questenberg!
                (Als dieser reden will.)
Nichts, nichts von dem verhaßten Gegenstand!
Sie taten Ihre Schuldigkeit. Ich weiß
Den Mann von seinem Amt zu unterscheiden.

*(Indem Questenberg mit dem Octavio abgehen will, dringen
Götz, Tiefenbach, Colalto herein, denen noch mehrere Kom-
                  mandeurs folgen.)*

G ö t z. Wo ist er, der uns unsern General –
T i e f e n b a c h *(zugleich).*
Was müssen wir erfahren, du willst uns –
C o l a l t o *(zugleich).*
Wir wollen mit dir leben, mit dir sterben.

W a l l e n s t e i n *(mit Ansehen, indem er auf Illo zeigt).*
Hier der Feldmarschall weiß um meinen Willen.   1300
(Geht ab.)

DRITTER AUFZUG

Ein Zimmer

ERSTER AUFTRITT

Illo und Terzky.

Terzky. Nun sagt mir! Wie gedenkt Ihr's diesen Abend
  Beim Gastmahl mit den Obristen zu machen?
Illo. Gebt acht! Wir setzen eine Formel auf,
  Worin wir uns dem Herzog insgesamt
  Verschreiben, sein zu sein mit Leib und Leben,
  Nicht unser letztes Blut für ihn zu sparen;
  Jedoch der Eidespflichten unbeschadet,
  Die wir dem Kaiser schuldig sind. Merkt wohl!
  Die nehmen wir in einer eignen Klausel
  Ausdrücklich aus und retten das Gewissen.   1310
  Nun hört! Die also abgefaßte Schrift
  Wird ihnen vorgelegt vor Tische, keiner
  Wird daran Anstoß nehmen – Hört nun weiter!
  Nach Tafel, wenn der trübe Geist des Weins
  Das Herz nun öffnet und die Augen schließt,
  Läßt man ein unterschobnes Blatt, worin
  Die Klausel fehlt, zur Unterschrift herumgehn.
Terzky.
  Wie? Denkt Ihr, daß sie sich durch einen Eid
  Gebunden glauben werden, den wir ihnen
  Durch Gaukelkunst betrüglich abgelistet?   1320
Illo. Gefangen haben wir sie immer – Laßt sie
  Dann über Arglist schrein, so viel sie mögen.
  Am Hofe glaubt man ihrer Unterschrift
  Doch mehr als ihrem heiligsten Beteuern.
  Verräter sind sie einmal, müssen's sein,
  So machen sie aus der Not wohl eine Tugend.
Terzky. Nun, mir ist alles lieb, geschieht nur was,
  Und rücken wir nur einmal von der Stelle.
Illo. Und dann – liegt auch so viel nicht dran, wie weit
  Wir damit langen bei den Generalen,   1330
  Genug, wenn wir's dem Herrn nur überreden,
  Sie *seien* sein – denn handelt *er* nur erst

Mit seinem Ernst, als ob er sie schon hätte,
So hat er sie und reißt sie mit sich fort.

T e r z k y. Ich kann mich manchmal gar nicht in ihn finden.
Er leiht dem Feind sein Ohr, läßt mich dem Thurn,
Dem Arnheim schreiben, gegen den Sesina
Geht er mit kühnen Worten frei heraus,
Spricht stundenlang mit uns von seinen Planen,
Und mein ich nun, ich hab' ihn – weg auf einmal   1340
Entschlüpft er, und es scheint, als wär' es ihm
Um nichts zu tun, als nur am Platz zu bleiben.

I l l o. Er seine alten Plane aufgegeben!
Ich sag Euch, daß er wachend, schlafend mit
Nichts anderm umgeht, daß er Tag für Tag
Deswegen die Planeten fragt –

T e r z k y.   Ja, wißt Ihr,
Daß er sich in der Nacht, die jetzo kommt,
Im astrologischen Turme mit dem Doktor
Einschließen wird und mit ihm observieren?
Denn es soll eine wicht'ge Nacht sein, hör' ich,   1350
Und etwas Großes, Langerwartetes
Am Himmel vorgehn.

I l l o.   Wenn's hier unten nur geschieht.
Die Generale sind voll Eifer jetzt
Und werden sich zu allem bringen lassen,
Nur um den Chef nicht zu verlieren. Seht!
So haben wir den Anlaß vor der Hand
Zu einem engen Bündnis widern Hof.
Unschuldig ist der Name zwar, es heißt,
Man will ihn beim Kommando bloß erhalten.
Doch wißt Ihr, in der Hitze des Verfolgens   1360
Verliert man bald den Anfang aus den Augen.
Ich denk es schon zu karten, daß der Fürst
Sie willig finden – willig *glauben* soll
Zu jedem Wagstück. Die Gelegenheit
Soll ihn verführen. Ist der große Schritt
Nur erst getan, den sie zu Wien ihm nicht verzeihn,
So wird der Notzwang der Begebenheiten
Ihn weiter schon und weiter führen. Nur
Die Wahl ist's, was ihm schwer wird; drängt die Not,
Dann kommt ihm seine Stärke, seine Klarheit.   1370

T e r z k y. Das ist es auch, worauf der Feind nur wartet,
Das Heer uns zuzuführen.

Illo.   Kommt! Wir müssen
　　Das Werk in diesen nächsten Tagen weiter fördern,
　　Als es in Jahren nicht gedieh – Und steht's
　　Nur erst hier unten glücklich, gebet acht,
　　So werden auch die rechten Sterne scheinen!
　　Kommt zu den Obersten. Das Eisen muß
　　Geschmiedet werden, weil es glüht.
Terzky.   Geht Ihr hin, Illo.
　　Ich muß die Gräfin Terzky hier erwarten.
　　Wißt, daß wir auch nicht müßig sind – wenn *ein*   1380
　　Strick reißt, ist schon ein andrer in Bereitschaft.
Illo.　Ja, Eure Hausfrau lächelte so listig.
　　Was habt Ihr?
Terzky.   Ein Geheimnis! Still! Sie kommt!
　　　　　　　　　(Illo geht ab.)

ZWEITER AUFTRITT

Graf und Gräfin Terzky, die aus einem Kabinett heraus-
tritt, hernach ein Bedienter, darauf Illo.

Terzky.　Kommt sie? Ich halt ihn länger nicht zurück.
Gräfin.　Gleich wird sie da sein. Schick ihn nur.
Terzky.　Zwar weiß ich nicht, ob wir uns Dank damit
　　Beim Herrn verdienen werden. Über diesen Punkt,
　　Du weißt's, hat er sich nie herausgelassen.
　　Du hast mich überredet und mußt wissen,   1389
　　Wie weit du gehen kannst.
Gräfin.   Ich nehm's auf mich. *(Für sich.)*
　　Es braucht hier keiner Vollmacht – Ohne Worte, Schwager,
　　Verstehn wir uns – Errat ich etwa nicht,
　　Warum die Tochter hergefordert worden,
　　Warum just *er* gewählt, sie abzuholen?
　　Denn dieses vorgespiegelte Verlöbnis
　　Mit einem Bräutigam, den niemand kennt,
　　Mag andre blenden! Ich durchschaue dich –
　　Doch dir geziemt es nicht, in solchem Spiel
　　Die Hand zu haben. Nicht doch! Meiner Feinheit
　　Bleibt alles überlassen. Wohl! – Du sollst   1400
　　Dich in der Schwester nicht betrogen haben.
Bedienter *(kommt).*
　　Die Generale! *(Ab.)*

Terzky *(zur Gräfin).* Sorg nur, daß du ihm
    Den Kopf recht warm machst, was zu denken gibst –
    Wenn er zu Tisch kommt, daß er sich nicht lange
    Bedenke bei der Unterschrift.
Gräfin. Sorg du für deine Gäste! Geh und schick ihn.
Terzky. Denn alles liegt dran, daß er unterschreibt.
Gräfin. Zu deinen Gästen. Geh!
Illo *(kommt zurück).*   Wo bleibt Ihr, Terzky?
    Das Haus ist voll, und alles wartet Euer.
Terzky. Gleich! Gleich!
    (Zur Gräfin.)   Und daß er nicht zu lang verweilt –
    Es möchte bei dem Alten sonst Verdacht –   1411
Gräfin. Unnöt'ge Sorgfalt!
               (Terzky und Illo gehen.)

DRITTER AUFTRITT

Gräfin Terzky. Max Piccolomini.

Max *(blickt schüchtern herein).*   Base Terzky! Darf ich?
    (Tritt bis in die Mitte des Zimmers, wo er sich unruhig
    umsieht.)
    Sie ist nicht da! Wo ist sie?
Gräfin.   Sehen Sie nur recht
    In jene Ecke, ob sie hinterm Schirm
    Vielleicht versteckt –
Max.   Da liegen ihre Handschuh!
    (Will hastig darnach greifen, Gräfin nimmt sie zu sich.)
    Ungüt'ge Tante! Sie verleugnen mir –
    Sie haben Ihre Lust dran, mich zu quälen.
Gräfin. Der Dank für meine Müh!
Max.   Oh! fühlten Sie,
    Wie mir zumute ist! – Seitdem wir hier sind –
    So an mich halten, Wort' und Blicke wägen!   1420
    Das bin ich nicht gewohnt!
Gräfin.   Sie werden sich
    An manches noch gewöhnen, schöner Freund!
    Auf dieser Probe Ihrer Folgsamkeit
    Muß ich durchaus bestehn, nur unter *der* Bedingung
    Kann ich mich überall damit befassen.
Max. Wo aber ist sie? Warum kommt sie nicht?
Gräfin. Sie müssen's ganz in meine Hände legen.

Wer kann es besser auch mit Ihnen meinen!
Kein Mensch darf wissen, auch Ihr Vater nicht,
Der gar nicht!
M a x.   Damit hat's nicht Not. Es ist   1430
Hier kein Gesicht, an das ich's richten möchte,
Was die entzückte Seele mir bewegt.
– O Tante Terzky! Ist denn alles hier
Verändert, oder bin nur ich's? Ich sehe mich
Wie unter fremden Menschen. Keine Spur
Von meinen vor'gen Wünschen mehr und Freuden.
Wo ist das alles hin? Ich war doch sonst
In eben dieser Welt nicht unzufrieden.
Wie schal ist alles nun und wie gemein!
Die Kameraden sind mir unerträglich,   1440
Der Vater selbst, ich weiß ihm nichts zu sagen,
Der Dienst, die Waffen sind mir eitler Tand.
So müßt' es einem sel'gen Geiste sein,
Der aus den Wohnungen der ew'gen Freude
Zu seinen Kinderspielen und Geschäften,
Zu seinen Neigungen und Brüderschaften,
Zur ganzen armen Menschheit wiederkehrte.
G r ä f i n. Doch muß ich bitten, ein'ge Blicke noch
Auf diese ganz gemeine Welt zu werfen,
Wo eben jetzt viel Wichtiges geschieht.   1450
M a x. Es geht hier etwas vor um mich, ich seh's
An ungewöhnlich treibender Bewegung;
Wenn's fertig ist, kommt's wohl auch bis zu mir.
Wo denken Sie, daß ich gewesen, Tante?
Doch keinen Spott! Mich ängstigte des Lagers
Gewühl, die Flut zudringlicher Bekannten,
Der fade Scherz, das nichtige Gespräch,
Es wurde mir zu eng, ich mußte fort,
Stillschweigen suchen diesem vollen Herzen
Und eine reine Stelle für mein Glück.   1460
Kein Lächeln, Gräfin! In der Kirche war ich.
Es ist ein Kloster hier, zur Himmelspforte,
Da ging ich hin, da fand ich mich allein.
Ob dem Altar hing eine Mutter Gottes,
Ein schlecht Gemälde war's, doch war's der Freund,
Den ich in diesem Augenblicke suchte.
Wie oft hab ich die Herrliche gesehn
In ihrem Glanz, die Inbrunst der Verehrer –

Es hat mich nicht gerührt, und jetzt auf einmal
Ward mir die Andacht klar, so wie die Liebe. 1470
G r ä f i n. Genießen Sie Ihr Glück. Vergessen Sie
Die Welt um sich herum. Es soll die Freundschaft
Indessen wachsam für Sie sorgen, handeln.
Nur sei'n Sie dann auch lenksam, wenn man Ihnen
Den Weg zu Ihrem Glücke zeigen wird.
M a x. Wo aber bleibt sie denn! – Oh! goldne Zeit
Der Reise, wo uns jede neue Sonne
Vereinigte, die späte Nacht nur trennte!
Da rann kein Sand, und keine Glocke schlug.
Es schien die Zeit dem Überseligen 1480
In ihrem ew'gen Laufe stillzustehen.
Oh! der ist aus dem Himmel schon gefallen,
Der an der Stunden Wechsel denken muß!
Die Uhr schlägt keinem Glücklichen.
G r ä f i n. Wie lang ist es, daß Sie Ihr Herz entdeckten?
M a x. Heut früh wagt' ich das erste Wort.
G r ä f i n. Wie? Heute erst in diesen zwanzig Tagen?
M a x. Auf jenem Jagdschloß war es, zwischen hier
Und Nepomuk, wo Sie uns eingeholt,
Der letzten Station des ganzen Wegs. 1490
In einem Erker standen wir, den Blick
Stumm in das öde Feld hinaus gerichtet,
Und vor uns ritten die Dragoner auf,
Die uns der Herzog zum Geleit gesendet.
Schwer lag auf mir des Scheidens Bangigkeit,
Und zitternd endlich wagt' ich dieses Wort:
Dies alles mahnt mich, Fräulein, daß ich heut
Von meinem Glücke scheiden muß. Sie werden
In wenig Stunden einen Vater finden,
Von neuen Freunden sich umgeben sehn, 1500
Ich werde nun ein Fremder für Sie sein,
Verloren in der Menge – »Sprechen Sie
Mit meiner Base Terzky!« fiel sie schnell
Mir ein, die Stimme zitterte, ich sah
Ein glühend Rot die schönen Wangen färben,
Und von der Erde langsam sich erhebend
Trifft mich ihr Auge – ich beherrsche mich
Nicht länger –
(*Die Prinzessin erscheint an der Türe und bleibt stehen, von
der Gräfin, aber nicht von Piccolomini bemerkt.*)

– fasse kühn sie in die Arme,
Mein Mund berührt den ihrigen – da rauscht' es
Im nahen Saal und trennte uns – *Sie* waren's.   1510
Was nun geschehen, wissen Sie.

G r ä f i n *(nach einer Pause mit einem verstohlnen Blick
auf Thekla).*
Und sind Sie so bescheiden oder haben
So wenig Neugier, daß Sie mich nicht auch
Um *mein* Geheimnis fragen?

M a x.   Ihr Geheimnis?

G r ä f i n. Nun ja! Wie ich unmittelbar nach Ihnen
Ins Zimmer trat, wie ich die Nichte fand,
Was sie in diesem ersten Augenblick
Des überraschten Herzens –

M a x *(lebhaft).*   Nun?

VIERTER AUFTRITT

Vorige. Thekla, welche schnell hervortritt.

T h e k l a.   Spart Euch die Mühe, Tante!
Das hört er besser von mir selbst.

M a x *(tritt zurück).*   Mein Fräulein! –
Was ließen Sie mich sagen, Tante Terzky!   1520

T h e k l a *(zur Gräfin).* Ist er schon lange hier?

G r ä f i n. Jawohl, und seine Zeit ist bald vorüber.
Wo bleibt Ihr auch so lang?

T h e k l a. Die Mutter weinte wieder so. Ich seh sie leiden
– Und kann's nicht ändern, daß ich glücklich bin.

M a x *(in ihren Anblick verloren).*
Jetzt hab ich wieder Mut, Sie anzusehn.
Heut konnt' ich's nicht. Der Glanz der Edelsteine,
Der Sie umgab, verbarg mir die Geliebte.

T h e k l a. So sah mich nur Ihr Auge, nicht Ihr Herz.

M a x. Oh! diesen Morgen, als ich Sie im Kreise   1530
Der Ihrigen, in Vaters Armen fand,
Mich einen Fremdling sah in diesem Kreise –
Wie drängte mich's in diesem Augenblick,
Ihm um den Hals zu fallen, *Vater* ihn
Zu nennen! Doch sein strenges Auge hieß
Die heftig wallende Empfindung schweigen,
Und jene Diamanten schreckten mich,

Die wie ein Kranz von Sternen Sie umgaben.
Warum auch mußt' er beim Empfange gleich
Den Bann um Sie verbreiten, gleich zum Opfer   1540
Den Engel schmücken, auf das heitre Herz
Die traur'ge Bürde seines Standes werfen!
Wohl darf die Liebe werben um die Liebe,
Doch solchem Glanz darf nur ein König nahn.

T h e k l a. Oh! still von dieser Mummerei. Sie sehn,
Wie schnell die Bürde abgeworfen ward.
(Zur Gräfin.)
Er ist nicht heiter. Warum ist er's nicht?
Ihr, Tante, habt ihn mir so schwer gemacht!
War er doch ein ganz andrer auf der Reise!
So ruhig hell! So froh beredt! Ich wünschte,   1550
Sie immer so zu sehn und niemals anders.

M a x. Sie fanden sich, in Ihres Vaters Armen,
In einer neuen Welt, die Ihnen huldigt,
Wär's auch durch Neuheit nur, Ihr Auge reizt.

T h e k l a.
Ja! Vieles reizt mich hier, ich will's nicht leugnen,
Mich reizt die bunte, kriegerische Bühne,
Die vielfach mir ein liebes Bild erneuert,
Mir an das Leben, an die Wahrheit knüpft,
Was mir ein schöner Traum nur hat geschienen.

M a x. Mir machte sie mein wirklich Glück zum Traum. 1560
Auf einer Insel in des Äthers Höhn
Hab' ich gelebt in diesen letzten Tagen;
Sie hat sich auf die Erd' herabgelassen,
Und diese Brücke, die zum alten Leben
Zurück mich bringt, trennt mich von meinem Himmel.

T h e k l a. Das Spiel des Lebens sieht sich heiter an,
Wenn man den sichern Schatz im Herzen trägt,
Und froher kehr ich, wenn ich es gemustert,
Zu meinem schönern Eigentum zurück –
(Abbrechend, und in einem scherzhaften Ton.)
Was hab ich Neues nicht und Unerhörtes   1570
In dieser kurzen Gegenwart gesehn!
Und doch muß alles dies dem Wunder weichen,
Das dieses Schloß geheimnisvoll verwahrt.

G r ä f i n *(nachsinnend).*
Was wäre das? Ich bin doch auch bekannt
In allen dunkeln Ecken dieses Hauses.

T h e k l a *(lächelnd)*.
    Von Geistern wird der Weg dazu beschützt,
    Zwei Greife halten Wache an der Pforte.
G r ä f i n *(lacht)*.
    Ach so! der astrologische Turm! Wie hat sich
    Dies Heiligtum, das sonst so streng verwahrt wird,
    Gleich in den ersten Stunden Euch geöffnet?   1580
T h e k l a. Ein kleiner, alter Mann mit weißen Haaren
    Und freundlichem Gesicht, der seine Gunst
    Mir gleich geschenkt, schloß mir die Pforten auf.
M a x. Das ist des Herzogs Astrolog, der Seni.
T h e k l a. Er fragte mich nach vielen Dingen, wann ich
    Geboren sei, in welchem Tag und Monat,
    Ob eine Tages- oder Nachtgeburt –
G r ä f i n. Weil er das Horoskop Euch stellen wollte.
T h e k l a. Auch meine Hand besah er, schüttelte
    Das Haupt bedenklich, und es schienen ihm   1590
    Die Linien nicht eben zu gefallen.
G r ä f i n. Wie fandet Ihr es denn in diesem Saal?
    Ich hab mich stets nur flüchtig umgesehn.
T h e k l a. Es ward mir wunderbar zumut, als ich
    Aus vollem Tageslichte schnell hineintrat,
    Denn eine düstre Nacht umgab mich plötzlich,
    Von seltsamer Beleuchtung schwach erhellt.
    In einem Halbkreis standen um mich her
    Sechs oder sieben große Königsbilder,
    Den Zepter in der Hand, und auf dem Haupt   1600
    Trug jedes einen Stern, und alles Licht
    Im Turm schien von den Sternen nur zu kommen.
    Das wären die Planeten, sagte mir
    Mein Führer, sie regierten das Geschick,
    Drum seien sie als Könige gebildet.
    Der äußerste, ein grämlich finstrer Greis
    Mit dem trübgelben Stern, sei der *Saturnus*;
    Der mit dem roten Schein, grad von ihm über,
    In kriegerischer Rüstung, sei der *Mars*,
    Und beide bringen wenig Glück den Menschen.   1610
    Doch eine schöne Frau stand ihm zur Seite,
    Sanft schimmerte der Stern auf ihrem Haupt,
    Das sei die *Venus*, das Gestirn der Freude.
    Zur linken Hand erschien *Merkur* geflügelt,
    Ganz in der Mitte glänzte silberhell

Ein heitrer Mann, mit einer Königsstirn,
Das sei der *Jupiter*, des Vaters Stern,
Und *Mond* und *Sonne* standen ihm zur Seite.

M a x. Oh! nimmer will ich seinen Glauben schelten
 An der Gestirne, an der Geister Macht.   1620
 Nicht bloß der *Stolz* des Menschen füllt den Raum
 Mit Geistern, mit geheimnisvollen Kräften,
 Auch für ein liebend Herz ist die gemeine
 Natur zu eng, und tiefere Bedeutung
 Liegt in dem Märchen meiner Kinderjahre
 Als in der Wahrheit, die das Leben lehrt.
 Die heitre Welt der Wunder ist's allein,
 Die dem entzückten Herzen Antwort gibt,
 Die ihre ew'gen Räume mir eröffnet,
 Mir tausend Zweige reich entgegenstreckt,   1630
 Worauf der trunkne Geist sich selig wiegt.
 Die Fabel ist der Liebe Heimatwelt,
 Gern wohnt sie unter Feen, Talismanen,
 Glaubt gern an Götter, weil sie göttlich ist.
 Die alten Fabelwesen sind nicht mehr,
 Das reizende Geschlecht ist ausgewandert;
 Doch eine Sprache braucht das Herz, es bringt
 Der alte Trieb die alten Namen wieder,
 Und an dem Sternenhimmel gehn sie jetzt,
 Die sonst im Leben freundlich mitgewandelt.   1640
 Dort winken sie dem Liebenden herab,
 Und jedes Große bringt uns *Jupiter*
 Noch diesen Tag, und *Venus* jedes Schöne.

T h e k l a. Wenn *das* die Sternenkunst ist, will ich froh
 Zu diesem heitern Glauben mich bekennen.
 Es ist ein holder, freundlicher Gedanke,
 Daß über uns, in unermeßnen Höhn,
 Der Liebe Kranz aus funkelnden Gestirnen,
 Da wir erst wurden, schon geflochten ward.

G r ä f i n.
 Nicht Rosen bloß, auch Dornen hat der Himmel,   1650
 Wohl dir! wenn sie den Kranz dir nicht verletzen.
 Was Venus band, die Bringerin des Glücks,
 Kann Mars, der Stern des Unglücks, schnell zerreißen.

M a x. Bald wird sein düstres Reich zu Ende sein!
 Gesegnet sei des Fürsten ernster Eifer,
 Er wird den Ölzweig in den Lorbeer flechten

Und der erfreuten Welt den Frieden schenken.
Dann hat sein großes Herz nichts mehr zu wünschen,
Er hat genug für seinen Ruhm getan,
Kann jetzt sich selber leben und den Seinen.   1660
Auf seine Güter wird er sich zurückziehn,
Er hat zu Gitschin einen schönen Sitz,
Auch Reichenberg, Schloß Friedland liegen heiter –
Bis an den Fuß der Riesenberge hin
Streckt sich das Jagdgehege seiner Wälder.
Dem großen Trieb, dem prächtig schaffenden,
Kann er dann ungebunden frei willfahren.
Da kann er fürstlich jede Kunst ermuntern
Und alles würdig Herrliche beschützen –
Kann bauen, pflanzen, nach den Sternen sehn –   1670
Ja, wenn die kühne Kraft nicht ruhen kann,
So mag er kämpfen mit dem Element,
Den Fluß ableiten und den Felsen sprengen
Und dem Gewerb die leichte Straße bahnen.
Aus unsern Kriegsgeschichten werden dann
Erzählungen in langen Winternächten –
G r ä f i n. Ich will denn doch geraten haben, Vetter,
Den Degen nicht zu frühe wegzulegen.
Denn eine Braut wie die ist es wohl wert,
Daß mit dem Schwert um sie geworben werde.   1680
M a x. Oh! wäre sie mit Waffen zu gewinnen!
G r ä f i n.
Was war das? Hört ihr nichts? – Mir war's, als hört' ich
Im Tafelzimmer heft'gen Streit und Lärmen.
(Sie geht hinaus.)

FÜNFTER AUFTRITT

Thekla und Max Piccolomini.

T h e k l a *(sobald die Gräfin sich entfernt hat, schnell und
heimlich zu Piccolomini).*
Trau ihnen nicht. Sie meinen's falsch.
M a x.   Sie könnten –
T h e k l a. Trau niemand hier als mir. Ich sah es gleich,
Sie haben einen Zweck.
M a x.   Zweck! Aber welchen?
Was hätten sie davon, uns Hoffnungen –

T h e k l a. Das weiß ich nicht. Doch glaub mir, es ist nicht
   Ihr Ernst, uns zu beglücken, zu verbinden.
M a x. Wozu auch diese Terzkys? Haben wir   1690
   Nicht deine Mutter? Ja, die Gütige
   Verdient's, daß wir uns kindlich ihr vertrauen.
T h e k l a. Sie liebt dich, schätzt dich hoch vor allen andern,
   Doch nimmer hätte sie den Mut, ein solch
   Geheimnis vor dem Vater zu bewahren.
   Um ihrer Ruhe willen muß es ihr
   Verschwiegen bleiben.
M a x.   Warum überall
   Auch das Geheimnis? Weißt du, was ich tun will?
   Ich werfe mich zu deines Vaters Füßen,
   Er soll mein Glück entscheiden, er ist wahrhaft,   1700
   Ist unverstellt und haßt die krummen Wege,
   Er ist so gut, so edel –
T h e k l a.   Das bist du!
M a x. Du kennst ihn erst seit heut. Ich aber lebe
   Schon zehen Jahre unter seinen Augen.
   Ist's denn das erste Mal, daß er das Seltne,
   Das Ungehoffte tut? Es sieht ihm gleich,
   Zu überraschen wie ein Gott, er muß
   Entzücken stets und in Erstaunen setzen.
   Wer weiß, ob er in diesem Augenblick
   Nicht mein Geständnis, deines bloß erwartet,   1710
   Uns zu vereinigen – Du schweigst? Du siehst
   Mich zweifelnd an? Was hast du gegen deinen Vater?
T h e k l a. Ich? Nichts – Nur zu beschäftigt find ich ihn,
   Als daß er Zeit und Muße könnte haben,
   An unser Glück zu denken.
   (Ihn zärtlich bei der Hand fassend.)   Folge mir!
   Laß nicht zu viel uns an die Menschen glauben.
   Wir wollen diesen Terzkys dankbar sein
   Für jede Gunst, doch ihnen auch nicht mehr
   Vertrauen, als sie würdig sind, und uns
   Im übrigen – auf unser Herz verlassen.   1720
M a x. Oh! werden wir auch jemals glücklich werden!
T h e k l a. Sind wir's denn nicht? Bist du nicht mein? Bin ich
   Nicht dein? – In meiner Seele lebt
   Ein hoher Mut, die Liebe gibt ihn mir –
   Ich sollte minder offen sein, mein Herz
   Dir mehr verbergen, also will's die Sitte.

Wo aber wäre Wahrheit hier für dich,
Wenn du sie nicht auf meinem Munde findest?
Wir haben uns gefunden, halten uns
Umschlungen, fest und ewig. Glaube mir!   1730
Das ist um vieles mehr, als sie gewollt.
Drum laß es uns wie einen heil'gen Raub
In unsers Herzens Innerstem bewahren.
Aus Himmels Höhen fiel es uns herab,
Und nur dem Himmel wollen wir's verdanken.
Er kann ein Wunder für uns tun.

SECHSTER AUFTRITT

Gräfin Terzky zu den Vorigen.

Gräfin (*pressiert*).
   Mein Mann schickt her. Es sei die höchste Zeit.
   Er soll zur Tafel –
      (*Da jene nicht darauf achten, tritt sie zwischen sie.*)
               Trennt euch!
Thekla.   Oh! nicht doch!
   Es ist ja kaum ein Augenblick.
Gräfin.
   Die Zeit vergeht Euch schnell, Prinzessin Nichte.   1740
Max. Es eilt nicht, Base.
Gräfin.   Fort! Fort! Man vermißt Sie.
   Der Vater hat sich zweimal schon erkundigt.
Thekla. Ei nun! der Vater!
Gräfin.   Das versteht Ihr, Nichte.
Thekla. Was soll er überall bei der Gesellschaft?
   Es ist sein Umgang nicht, es mögen würd'ge,
   Verdiente Männer sein, er aber ist
   Für sie zu jung, taugt nicht in die Gesellschaft.
Gräfin. Ihr möchtet ihn wohl lieber ganz behalten?
Thekla (*lebhaft*).
   Ihr habt's getroffen. Das ist meine Meinung.
   Ja, laßt ihn ganz hier, laßt den Herren sagen –   1750
Gräfin. Habt Ihr den Kopf verloren, Nichte? – Graf!
   Sie wissen die Bedingungen.
Max. Ich muß gehorchen, Fräulein. Leben Sie wohl.
      (*Da Thekla sich schnell von ihm wendet.*)
   Was sagen Sie?

T h e k l a *(ohne ihn anzusehen).*
     Nichts. Gehen Sie.
M a x.   Kann ich's,
 Wenn Sie mir zürnen –
(Er nähert sich ihr, ihre Augen begegnen sich, sie steht einen
Augenblick schweigend, dann wirft sie sich ihm an die Brust,
     er drückt sie fest an sich.)
G r ä f i n.   Weg! Wenn jemand käme!
 Ich höre Lärmen – Fremde Stimmen nahen.
(Max reißt sich aus ihren Armen und geht, die Gräfin be-
gleitet ihn. Thekla folgt ihm anfangs mit den Augen, geht
unruhig durch das Zimmer und bleibt dann in Gedanken
versenkt stehen. Eine Gitarre liegt auf dem Tische, sie er-
greift sie, und nachdem sie eine Weile schwermütig prälu-
diert hat, fällt sie in den Gesang.)

SIEBENTER AUFTRITT

T h e k l a *(spielt und singt).*
  Der Eichwald brauset, die Wolken ziehn,
  Das Mägdlein wandelt an Ufers Grün,
  Es bricht sich die Welle mit Macht, mit Macht,
  Und sie singt hinaus in die finstre Nacht. 1760
  Das Auge von Weinen getrübet.

  Das Herz ist gestorben, die Welt ist leer,
  Und weiter gibt sie dem Wunsche nichts mehr.
  Du Heilige, rufe dein Kind zurück,
  Ich habe genossen das irdische Glück,
  Ich habe gelebt und geliebet.

ACHTER AUFTRITT

Gräfin kommt zurück. Thekla.
G r ä f i n.
 Was war das, Fräulein Nichte? Fy! Ihr werft Euch
 Ihm an den Kopf. Ihr solltet Euch doch, dächt' ich,
 Mit Eurer Person ein wenig teurer machen.
T h e k l a *(indem sie aufsteht).*
 Was meint Ihr, Tante?
G r ä f i n.   Ihr sollt nicht vergessen, 1770

Wer Ihr seid, und wer *er* ist. Ja, das ist Euch
Noch gar nicht eingefallen, glaub ich.
T h e k l a.   Was denn?
G r ä f i n. Daß Ihr des Fürsten Friedland Tochter seid.
T h e k l a. Nun? und was mehr?
G r ä f i n.   Was? Eine schöne Frage!
T h e k l a. Was wir geworden sind, ist *er* geboren.
Er ist von alt lombardischem Geschlecht,
Ist einer Fürstin Sohn!
G r ä f i n.   Sprecht Ihr im Traum?
Fürwahr! Man wird ihn höflich noch drum bitten,
Die reichste Erbin in Europa zu beglücken
Mit seiner Hand.
T h e k l a.   Das wird nicht nötig sein.   1780
G r ä f i n. Ja, man wird wohl tun, sich nicht auszusetzen.
T h e k l a. Sein Vater liebt ihn, Graf Octavio
Wird nichts dagegen haben –
G r ä f i n. Sein Vater! Seiner! Und der Eure, Nichte?
T h e k l a. Nun ja! Ich denk, Ihr fürchtet *seinen* Vater,
Weil Ihr's vor dem, vor seinem Vater, mein ich,
So sehr verheimlicht.
G r ä f i n *(sieht sie forschend an)*. Nichte, Ihr seid falsch.
T h e k l a. Seid Ihr empfindlich, Tante? Oh! seid gut!
G r ä f i n. Ihr haltet Euer Spiel schon für gewonnen –
Jauchzt nicht zu frühe!
T h e k l a.   Seid nur gut!   1790
G r ä f i n. Es ist noch nicht soweit.
T h e k l a.   Ich glaub es wohl.
G r ä f i n. Denkt Ihr, er habe sein bedeutend Leben
In kriegerischer Arbeit aufgewendet,
Jedwedem stillen Erdenglück entsagt,
Den Schlaf von seinem Lager weggebannt,
Sein edles Haupt der Sorge hingegeben,
Nur um ein glücklich Paar aus euch zu machen?
Um dich zuletzt aus deinem Stift zu ziehn,
Den Mann dir im Triumphe zuzuführen,
Der deinen Augen wohlgefällt? – Das hätt' er   1800
Wohlfeiler haben können! Diese Saat
Ward nicht gepflanzt, daß du mit kind'scher Hand
Die Blume brächest und zur leichten Zier
An deinen Busen stecktest!
T h e k l a. Was er mir nicht gepflanzt, das könnte doch

Freiwillig mir die schönen Früchte tragen.
Und wenn mein gütig freundliches Geschick
Aus seinem furchtbar ungeheuren Dasein
Des Lebens Freude mir bereiten will —
G r ä f i n. Du siehst's wie ein verliebtes Mädchen an.   1810
Blick um dich her. Besinn dich, wo du bist —
Nicht in ein Freudenhaus bist du getreten,
Zu keiner Hochzeit findest du die Wände
Geschmückt, der Gäste Haupt bekränzt. Hier ist
Kein Glanz als der von Waffen. Oder denkst du,
Man führte diese Tausende zusammen,
Beim Brautfest dir den Reihen aufzuführen?
Du siehst des Vaters Stirn gedankenvoll,
Der Mutter Aug' in Tränen, auf der Waage liegt
Das große Schicksal unsers Hauses!   1820
Laß jetzt des Mädchens kindische Gefühle,
Die kleinen Wünsche hinter dir! Beweise,
Daß du des Außerordentlichen Tochter bist!
Das Weib soll sich nicht selber angehören,
An fremdes Schicksal ist sie fest gebunden;
Die aber ist die Beste, die sich Fremdes
Aneignen kann mit Wahl, an ihrem Herzen
Es trägt und pflegt mit Innigkeit und Liebe.
T h e k l a. So wurde mir's im Kloster vorgesagt.
Ich hatte keine Wünsche, kannte mich   1830
Als seine Tochter nur, des Mächtigen,
Und seines Lebens Schall, der auch zu mir drang,
Gab mir kein anderes Gefühl als dies:
Ich sei bestimmt, mich leidend ihm zu opfern.
G r ä f i n. Das ist dein Schicksal. Füge dich ihm willig.
Ich und die Mutter geben dir das Beispiel.
T h e k l a. Das Schicksal hat mir *den* gezeigt, dem ich
Mich opfern soll; ich will ihm freudig folgen.
G r ä f i n.
Dein Herz, mein liebes Kind, und nicht das Schicksal.
T h e k l a.
Der Zug des Herzens ist des Schicksals Stimme.   1840
Ich bin die Seine. Sein Geschenk allein
Ist dieses neue Leben, das ich lebe.
Er hat ein Recht an sein Geschöpf. Was war ich,
Eh' seine schöne Liebe mich beseelte?
Ich will auch von mir selbst nicht kleiner denken

Als der Geliebte. *Der* kann nicht gering sein,
Der das Unschätzbare besitzt. Ich fühle
Die Kraft mit meinem Glücke mir verliehn.
Ernst liegt das Leben vor der ernsten Seele.
Daß ich mir selbst gehöre, weiß ich nun.   1850
Den festen Willen hab ich kennen lernen,
Den unbezwinglichen, in meiner Brust,
Und an das Höchste kann ich alles setzen.
G r ä f i n. Du wolltest dich dem Vater widersetzen,
Wenn er es anders nun mit dir beschlossen?
– Ihm denkst du's abzuzwingen? Wisse, Kind!
Sein Nam' ist Friedland.
T h e k l a.   Auch der meinige.
Er soll in mir die echte Tochter finden.
G r ä f i n. Wie? Sein Monarch, sein Kaiser zwingt ihn nicht,
Und du, sein Mädchen, wolltest mit ihm kämpfen?   1860
T h e k l a. Was niemand wagt, kann seine Tochter wagen.
G r ä f i n. Nun wahrlich! Darauf ist er nicht bereitet.
Er hätte jedes Hindernis besiegt,
Und in dem eignen Willen seiner Tochter
Sollt' ihm der neue Streit entstehn? Kind! Kind!
Noch hast du nur das Lächeln deines Vaters,
Hast seines Zornes Auge nicht gesehen.
Wird sich die Stimme deines Widerspruchs,
Die zitternde, in seine Nähe wagen?
Wohl magst du dir, wenn du allein bist, große Dinge   1870
Vorsetzen, schöne Rednerblumen flechten,
Mit Löwenmut den Taubensinn bewaffnen.
Jedoch versuch's! Tritt vor sein Auge hin,
Das fest auf dich gespannt ist, und sag nein!
Vergehen wirst du vor ihm, wie das zarte Blatt
Der Blume vor dem Feuerblick der Sonne.
– Ich will dich nicht erschrecken, liebes Kind!
Zum Äußersten soll's ja nicht kommen, hoff ich –
Auch weiß ich seinen Willen nicht. Kann sein,
Daß seine Zwecke deinem Wunsch begegnen.   1880
Doch das kann nimmermehr sein Wille sein,
Daß du, die stolze Tochter seines Glücks,
Wie ein verliebtes Mädchen dich gebärdest,
Wegwerfest an den Mann, der, wenn ihm je
Der hohe Lohn bestimmt ist, mit dem höchsten Opfer,
Das Liebe bringt, dafür bezahlen soll! *(Sie geht ab.)*

NEUNTER AUFTRITT

T h e k l a *(allein)*. Dank dir für deinen Wink! Er macht
  Mir meine böse Ahnung zur Gewißheit.
  So ist's denn wahr? Wir haben keinen Freund
  Und keine treue Seele hier – wir haben   1890
  Nichts als uns selbst. Uns drohen harte Kämpfe.
  Du, Liebe, gib uns Kraft, du göttliche!
  Oh! sie sagt wahr! Nicht frohe Zeichen sind's,
  Die diesem Bündnis unsrer Herzen leuchten.
  Das ist kein Schauplatz, wo die Hoffnung wohnt.
  Nur dumpfes Kriegsgetöse rasselt hier,
  Und selbst die Liebe, wie in Stahl gerüstet,
  Zum Todeskampf gegürtet, tritt sie auf.
    Es geht ein finstrer Geist durch unser Haus,
  Und schleunig will das Schicksal mit uns enden.   1900
  Aus stiller Freistatt treibt es mich heraus,
  Ein holder Zauber muß die Seele blenden.
  Es lockt mich durch die himmlische Gestalt,
  Ich seh sie nah und seh sie näher schweben,
  Es zieht mich fort mit göttlicher Gewalt,
  Dem Abgrund zu, ich kann nicht widerstreben.
       (Man hört von ferne die Tafelmusik.)
  Oh! wenn ein Haus im Feuer soll vergehn,
  Dann treibt der Himmel sein Gewölk zusammen,
  Es schießt der Blitz herab aus heitern Höhn,
  Aus unterird'schen Schlünden fahren Flammen,   1910
  Blindwütend schleudert selbst der Gott der Freude
  Den Pechkranz in das brennende Gebäude!
  (Sie geht ab.)

VIERTER AUFZUG

*Szene: Ein großer, festlich erleuchteter Saal, in der Mitte
desselben und nach der Tiefe des Theaters eine reich ausge-
schmückte Tafel, an welcher acht Generale, worunter Octavio Piccolomini, Terzky und Maradas, sitzen. Rechts und
links davon, mehr nach hinten zu, noch zwei andere Tafeln,
welche jede mit sechs Gästen besetzt sind. Vorwärts steht
der Kredenztisch, die ganze vordere Bühne bleibt für die*

aufwartenden Pagen und Bedienten frei. Alles ist in Bewegung, Spielleute von Terzkys Regiment ziehen über den Schauplatz um die Tafel herum. Noch ehe sie sich ganz entfernt haben, erscheint Max Piccolomini; ihm kommt Terzky mit einer Schrift, Isolani mit einem Pokal entgegen.

ERSTER AUFTRITT

Terzky. Isolani. Max Piccolomini.

I s o l a n i. Herr Bruder, was wir lieben! Nun, wo steckt Er?
Geschwind an Seinen Platz! Der Terzky hat
Der Mutter Ehrenweine preisgegeben,
Es geht hier zu, wie auf dem Heidelberger Schloß.
Das Beste hat Er schon versäumt. Sie teilen
Dort an der Tafel Fürstenhüte aus,
Des Eggenberg, Slawata, Lichtenstein,
Des Sternbergs Güter werden ausgeboten   1920
Samt allen großen böhm'schen Lehen; wenn
Er hurtig macht, fällt auch für Ihn was ab.
Marsch! Setz' Er sich!
C o l a l t o und G ö t z *(rufen an der zweiten Tafel).*
                    Graf Piccolomini!
T e r z k y.
Ihr sollt ihn haben! Gleich! – Lies diese Eidesformel,
Ob dir's gefällt, so wie wir's aufgesetzt.
Es haben's alle nach der Reih' gelesen,
Und jeder wird den Namen drunter setzen.
M a x *(liest).* »Ingratis servire nefas.«
I s o l a n i.
Das klingt wie ein latein'scher Spruch – Herr Bruder,
Wie heißt's auf deutsch?   1930
T e r z k y. Dem Undankbaren dient kein rechter Mann!
M a x. »Nachdem unser hochgebietender Feldherr, der
Durchlauchtige Fürst von Friedland, wegen vielfältig
empfangener Kränkungen, des Kaisers Dienst zu verlas-
sen gemeint gewesen, auf unser einstimmiges Bitten aber
sich bewegen lassen, noch länger bei der Armee zu ver-
bleiben, und ohne unser Genehmhalten sich nicht von uns
zu trennen; als verpflichten wir uns wieder insgesamt,
und jeder für sich insbesondere, anstatt eines körperlichen
Eides – auch bei ihm ehrlich und getreu zu halten, uns

auf keinerlei Weise von ihm zu trennen, und für denselben alles das Unsrige, bis auf den letzten Blutstropfen,
aufzusetzen, so weit nämlich *unser dem Kaiser geleisteter
Eid es erlauben wird. (Die letzten Worte werden von
Isolani nachgesprochen.)* Wie wir denn auch, wenn einer
oder der andre von uns, diesem Verbündnis zuwider, sich
von der gemeinen Sache absondern sollte, denselben als
einen bundesflüchtigen Verräter erklären, und an seinem
Hab und Gut, Leib und Leben Rache dafür zu nehmen
verbunden sein wollen. Solches bezeugen wir mit Unterschrift unsers Namens.«

T e r z k y. Bist du gewillt, dies Blatt zu unterschreiben?

I s o l a n i. Was sollt' er nicht! Jedweder Offizier
Von Ehre kann das – muß das – Dint' und Feder!

T e r z k y. Laß gut sein, bis nach Tafel.

I s o l a n i *(Max fortziehend).*   Komm' Er, komm' Er!
      (Beide gehen an die Tafel.)

ZWEITER AUFTRITT

Terzky. Neumann.

T e r z k y *(winkt dem Neumann, der am Kredenztisch ge-
wartet, und tritt mit ihm vorwärts).*
   Bringst du die Abschrift, Neumann? Gib! Sie ist
   Doch so verfaßt, daß man sie leicht verwechselt?

N e u m a n n. Ich hab sie Zeil' um Zeile nachgemalt,
   Nichts als die Stelle von dem Eid blieb weg,
   Wie deine Exzellenz es mir geheißen.   1940

T e r z k y. Gut! Leg sie dorthin, und mit dieser gleich
   Ins Feuer! Was sie soll, hat sie geleistet.

*(Neumann legt die Kopie auf den Tisch und tritt wieder
      zum Schenktisch.)*

DRITTER AUFTRITT

Illo kommt aus dem zweiten Zimmer. Terzky.

I l l o. Wie ist es mit dem Piccolomini?

T e r z k y. Ich denke, gut. Er hat nichts eingewendet.

I l l o. Er ist der einz'ge, dem ich nicht recht traue,
   Er und der Vater – Habt ein Aug' auf beide!

T e r z k y. Wie sieht's an Eurer Tafel aus? Ich hoffe,
  Ihr haltet Eure Gäste warm?
I l l o.   Sie sind
  Ganz kordial. Ich denk, wir haben sie.
  Und wie ich's Euch vorausgesagt – Schon ist   1950
  Die Red' nicht mehr davon, den Herzog bloß
  Bei Ehren zu erhalten. Da man einmal
  Beisammen sei, meint Montecuculi,
  So müsse man in seinem eignen Wien
  Dem Kaiser die Bedingung machen. Glaubt mir,
  Wär's nicht um diese Piccolomini,
  Wir hätten den Betrug uns können sparen.
T e r z k y. Was will der Buttler? Still!

VIERTER AUFTRITT

Buttler zu den Vorigen.

B u t t l e r *(von der zweiten Tafel kommend).*
                      Laßt Euch nicht stören.
  Ich hab Euch wohl verstanden, Feldmarschall.
  Glück zum Geschäfte – und was mich betrifft,   1960
  (geheimnisvoll)
  So könnt Ihr auf mich rechnen.
I l l o *(lebhaft).*   Können wir's?
B u t t l e r. Mit oder ohne Klausel! gilt mir gleich!
  Versteht Ihr mich? Der Fürst kann meine Treu'
  Auf jede Probe setzen, sagt ihm das.
  Ich bin des Kaisers Offizier, solang ihm
  Beliebt, des Kaisers General zu bleiben,
  Und bin des Friedlands Knecht, sobald es ihm
  Gefallen wird, sein eigner Herr zu sein.
T e r z k y. Ihr treffet einen guten Tausch. Kein Karger,
  Kein Ferdinand ist's, dem Ihr Euch verpflichtet.   1970
B u t t l e r *(ernst).*
  Ich biete meine Treu' nicht feil, Graf Terzky,
  Und wollt' Euch nicht geraten haben, mir
  Vor einem halben Jahr noch abzudingen,
  Wozu ich jetzt freiwillig mich erbiete.
  Ja, mich samt meinem Regiment bring ich
  Dem Herzog, und nicht ohne Folgen soll
  Das Beispiel bleiben, denk ich, das ich gebe.

I l l o. Wem ist es nicht bekannt, daß Oberst Buttler
    Dem ganzen Heer voran als Muster leuchtet!
B u t t l e r.
    Meint Ihr, Feldmarschall? Nun, so reut mich nicht   1980
    Die Treue, vierzig Jahre lang bewahrt,
    Wenn mir der wohlgesparte gute Name
    So volle Rache kauft im sechzigsten! –
    Stoßt euch an meine Rede nicht, ihr Herrn.
    Euch mag es gleichviel sein, *wie* ihr mich habt,
    Und werdet, hoff ich, selber nicht erwarten,
    Daß euer Spiel mein grades Urteil krümmt –
    Daß Wankelsinn und schnell bewegtes Blut
    Noch leichte Ursach' sonst den alten Mann
    Vom langgewohnten Ehrenpfade treibt.   1990
    Kommt! Ich bin darum minder nicht entschlossen,
    Weil ich es deutlich weiß, wovon ich scheide.
I l l o. Sagt's rund heraus, wofür wir Euch zu halten –
B u t t l e r. Für einen Freund! Nehmt meine Hand darauf,
    Mit allem, was ich hab, bin ich der Eure.
    Nicht Männer bloß, auch Geld bedarf der Fürst.
    Ich hab in seinem Dienst mir was erworben,
    Ich leih es ihm, und überlebt er mich,
    Ist's ihm vermacht schon längst, er ist mein Erbe.
    Ich steh allein da in der Welt und kenne   2000
    Nicht das Gefühl, das an ein teures Weib
    Den Mann und an geliebte Kinder bindet;
    Mein Name stirbt mit mir, mein Dasein endet.
I l l o. Nicht Eures Gelds bedarf's – ein Herz, wie Euers,
    Wiegt Tonnen Goldes auf und Millionen.
B u t t l e r. Ich kam, ein schlechter Reitersbursch, aus Irland
    Nach Prag mit einem Herrn, den ich begrub.
    Vom niedern Dienst im Stalle stieg ich auf,
    Durch Kriegsgeschick, zu dieser Würd' und Höhe,
    Das Spielzeug eines grillenhaften Glücks.   2010
    Auch Wallenstein ist der Fortuna Kind,
    Ich liebe einen Weg, der meinem gleicht.
I l l o. Verwandte sind sich alle starken Seelen.
B u t t l e r. Es ist ein großer Augenblick der Zeit,
    Dem Tapfern, dem Entschloßnen ist sie günstig.
    Wie Scheidemünze geht von Hand zu Hand,
    Tauscht Stadt und Schloß den eilenden Besitzer.
    Uralter Häuser Enkel wandern aus,

Ganz neue Wappen kommen auf und Namen;
Auf deutscher Erde unwillkommen wagt's   2020
Ein nördlich Volk sich bleibend einzubürgern.
Der Prinz von Weimar rüstet sich mit Kraft,
Am Main ein mächtig Fürstentum zu gründen;
Dem Mansfeld fehlte nur, dem Halberstädter
Ein längres Leben, mit dem Ritterschwert
Landeigentum sich tapfer zu erfechten.
Wer unter diesen reicht an unsern Friedland?
Nichts ist so hoch, wornach der Starke nicht
Befugnis hat die Leiter anzusetzen.

T e r z k y. Das ist gesprochen wie ein Mann!   2030
B u t t l e r. Versichert euch der Spanier und Welschen,
Den Schotten Leßly will ich auf mich nehmen.
Kommt zur Gesellschaft! Kommt!

T e r z k y.   Wo ist der Kellermeister?
Laß aufgehn, was du hast! die besten Weine!
Heut gilt es. Unsre Sachen stehen gut.
                    (Gehen, jeder an seine Tafel.)

FÜNFTER AUFTRITT

*Kellermeister mit Neumann vorwärts kommend. Bediente
gehen ab und zu.*

K e l l e r m e i s t e r.
Der edle Wein! Wenn meine alte Herrschaft,
Die Frau Mama, das wilde Leben säh',
In ihrem Grabe kehrte sie sich um! –
Ja! Ja! Herr Offizier! Es geht zurück
Mit diesem edeln Haus – Kein Maß noch Ziel!   2040
Und die durchlauchtige Verschwägerung
Mit diesem Herzog bringt uns wenig Segen.
N e u m a n n. Behüte Gott! Jetzt wird der Flor erst angehn.
K e l l e r m e i s t e r.
Meint Er? Es ließ' sich vieles davon sagen.
B e d i e n t e r *(kommt)*. Burgunder für den vierten Tisch!
K e l l e r m e i s t e r.   Das ist
Die siebenzigste Flasche nun, Herr Leutnant.
B e d i e n t e r.
Das macht, der deutsche Herr, der Tiefenbach,
Sitzt dran. *(Geht ab.)*

Kellermeister *(zu Neumann fortfahrend).*
          Sie wollen gar zu hoch hinaus. Kurfürsten
  Und Königen wollen sie's im Prunke gleichtun,
  Und wo der Fürst sich hingetraut, da will der Graf,   2050
  Mein gnäd'ger Herre, nicht dahintenbleiben.
  (Zu den Bedienten.)
  Was steht ihr horchen? Will euch Beine machen.
  Seht nach den Tischen, nach den Flaschen! Da!
  Graf Palffy hat ein leeres Glas vor sich!
Zweiter Bedienter *(kommt).*
  Den großen Kelch verlangt man, Kellermeister,
  Den reichen, güldnen, mit dem böhm'schen Wappen,
  Ihr wißt schon welchen, hat der Herr gesagt.
Kellermeister.
  Der auf des Friedrichs seine Königskrönung
  Vom Meister Wilhelm ist verfertigt worden,
  Das schöne Prachtstück aus der Prager Beute?   2060
Zweiter Bedienter.
  Ja, den! Den Umtrunk wollen sie mit halten.
Kellermeister *(mit Kopfschütteln, indem er den
  Pokal hervorholt und ausspült).*
  Das gibt nach Wien was zu berichten wieder!
Neumann. Zeigt! Das ist eine Pracht von einem Becher!
  Von Golde schwer und in erhabner Arbeit
  Sind kluge Dinge zierlich drauf gebildet.
  Gleich auf dem ersten Schildlein, laßt mal sehn!
  Die stolze Amazone da zu Pferd,
  Die übern Krummstab setzt und Bischofsmützen,
  Auf einer Stange trägt sie einen Hut,
  Nebst einer Fahn', worauf ein Kelch zu sehn.   2070
  Könnt Ihr mir sagen, was das all bedeutet?
Kellermeister.
  Die Weibsperson, die Ihr da seht zu Roß,
  Das ist die Wahlfreiheit der böhm'schen Kron'.
  Das wird bedeutet durch den runden Hut
  Und durch das wilde Roß, auf dem sie reitet.
  Des Menschen Zierat ist der Hut, denn wer
  Den Hut nicht sitzen lassen darf vor Kaisern
  Und Königen, der ist kein Mann der Freiheit.
Neumann. Was aber soll der Kelch da auf der Fahn'?
Kellermeister.
  Der Kelch bezeugt die böhm'sche Kirchenfreiheit,   2080

Wie sie gewesen zu der Väter Zeit.
Die Väter im Hussitenkrieg erstritten
Sich dieses schöne Vorrecht übern Papst,
Der keinem Laien gönnen will den Kelch.
Nichts geht dem Utraquisten übern Kelch,
Es ist sein köstlich Kleinod, hat dem Böhmen
Sein teures Blut in mancher Schlacht gekostet.

Neumann. Was sagt die Rolle, die da drüber schwebt?

Kellermeister.
Den böhm'schen Majestätsbrief zeigt sie an,
Den wir dem Kaiser Rudolf abgezwungen,   2090
Ein köstlich unschätzbares Pergament,
Das frei Geläut' und offenen Gesang
Dem neuen Glauben sichert wie dem alten.
Doch seit der Grätzer über uns regiert,
Hat das ein End', und nach der Prager Schlacht,
Wo Pfalzgraf Friedrich Kron' und Reich verloren,
Ist unser Glaub' um Kanzel und Altar,
Und unsre Brüder sehen mit dem Rücken
Die Heimat an, den Majestätsbrief aber
Zerschnitt der Kaiser selbst mit seiner Schere.   2100

Neumann. Das alles wißt Ihr! Wohl bewandert seid Ihr
In Eures Landes Chronik, Kellermeister.

Kellermeister.
Drum waren meine Ahnherrn Taboriten
Und dienten unter dem Prokop und Ziska.
Fried' sei mit ihrem Staube! Kämpften sie
Für eine gute Sache doch – Tragt fort!

Neumann.
Erst laßt mich noch das zweite Schildlein sehn.
Sieh doch, das ist, wie auf dem Prager Schloß
Des Kaisers Räte Martinitz, Slawata
Kopf unter sich herabgestürzet werden.   2110
Ganz recht! Da steht Graf Thurn, der es befiehlt.
          (Bedienter geht mit dem Kelch.)

Kellermeister.
Schweigt mir von diesem Tag, es war der drei-
Undzwanzigste des Mais, da man eintausend-
Sechshundert schrieb und achtzehn. Ist mir's doch,
Als wär' es heut, und mit dem Unglückstag
Fing's an, das große Herzeleid des Landes.
Seit diesem Tag, es sind jetzt sechzehn Jahr,

Ist nimmer Fried' gewesen auf der Erden –
> *(An der zweiten Tafel wird gerufen:)*

Der Fürst von Weimar!
> *(An der dritten und vierten Tafel:)*
>> Herzog Bernhard lebe!
> *(Musik fällt ein.)*

Erster Bedienter.
  Hört den Tumult!
Zweiter Bedienter *(kommt gelaufen).*
    Habt ihr gehört? Sie lassen   2120
  Den Weimar leben!
Dritter Bedienter.   Östreichs Feind!
Erster Bedienter.   Den Lutheraner!
Zweiter Bedienter.
  Vorhin, da bracht' der Deodat des Kaisers
  Gesundheit aus, da blieb's ganz mäuschenstille.
Kellermeister.
  Beim Trunk geht vieles drein. Ein ordentlicher
  Bedienter muß kein Ohr für so was haben.
Dritter Bedienter *(beiseite zum vierten).*
  Paß ja wohl auf, Johann, daß wir dem Pater
  Quiroga recht viel zu erzählen haben;
  Er will dafür uns auch viel Ablaß geben.
Vierter Bedienter.
  Ich mach mir an des Illo seinem Stuhl
  Deswegen auch zu tun, soviel ich kann,   2130
  Der führt dir gar verwundersame Reden.
        (Gehen zu den Tafeln.)
Kellermeister *(zu Neumann).*
  Wer mag der schwarze Herr sein mit dem Kreuz,
  Der mit Graf Palffy so vertraulich schwatzt?
Neumann. Das ist auch einer, dem sie zu viel trauen,
  Maradas nennt er sich, ein Spanier.
Kellermeister.
  's ist nichts mit den Hispaniern, sag ich Euch,
  Die Welschen alle taugen nichts.
Neumann.   Ei! Ei!
  So solltet Ihr nicht sprechen, Kellermeister.
  Es sind die ersten Generale drunter,
  Auf die der Herzog just am meisten hält.   2140
*(Terzky kommt und holt das Papier ab, an den Tafeln ent-
          steht eine Bewegung.)*

Kellermeister *(zu den Bedienten).*
　　Der Generalleutnant steht auf. Gebt acht!
　　Sie machen Aufbruch. Fort und rückt die Sessel.
*(Die Bedienten eilen nach hinten, ein Teil der Gäste kommt
vorwärts.)*

SECHSTER AUFTRITT

*Octavio Piccolomini kommt im Gespräch mit Maradas, und
beide stellen sich ganz vorne hin auf eine Seite des Prosze-
niums. Auf die entgegengesetzte Seite tritt Max Piccolomini,
allein, in sich gekehrt und ohne Anteil an der übrigen Handlung. Den mittlern Raum zwischen beiden, doch einige
Schritte mehr zurück, erfüllen Buttler, Isolani, Götz, Tiefenbach, Colalto und bald darauf Graf Terzky.*

Isolani *(während daß die Gesellschaft vorwärts kommt).*
　　Gut' Nacht! – Gut' Nacht, Colalto – Generalleutnant,
　　Gut' Nacht! Ich sagte besser, guten Morgen.
Götz *(zu Tiefenbach).*
　　Herr Bruder! Prosit Mahlzeit!
Tiefenbach. Das war ein königliches Mahl!
Götz.　　　　　　　　　　　　　Ja, die Frau Gräfin
　　Versteht's. Sie lernt' es ihrer Schwieger ab,
　　Gott hab' sie selig! Das war eine Hausfrau!
Isolani *(will weggehen).*
　　Lichter! Lichter!
Terzky *(kommt mit der Schrift zu Isolani).*
　　Herr Bruder! Zwei Minuten noch. Hier ist　　　　2150
　　Noch was zu unterschreiben.
Isolani.　　　　　　　　　　Unterschreiben,
　　Soviel Ihr wollt! Verschont mich nur mit Lesen.
Terzky. Ich will Euch nicht bemühn. Es ist der Eid,
　　Den Ihr schon kennt. Nur einige Federstriche.
　　　　(Wie Isolani die Schrift dem Octavio hinreicht.)
　　Wie's kommt! Wen's eben trifft! Es ist kein Rang hier.
*(Octavio durchläuft die Schrift mit anscheinender Gleich-
gültigkeit. Terzky beobachtet ihn von weitem.)*
Götz *(zu Terzky).*
　　Herr Graf! Erlaubt mir, daß ich mich empfehle.
Terzky.
　　Eilt doch nicht so – Noch einen Schlaftrunk – He!

(Zu den Bedienten.)

Götz. Bin's nicht im Stand.

Terzky. Ein Spielchen.

Götz. Excusiert mich!

Tiefenbach *(setzt sich).*

Vergebt, ihr Herrn. Das Stehen wird mir sauer.

Terzky.

Macht's Euch bequem, Herr Generalfeldzeugmeister! 2160

Tiefenbach.

Das Haupt ist frisch, der Magen ist gesund,
Die Beine aber wollen nicht mehr tragen.

Isolani *(auf seine Korpulenz zeigend).*

Ihr habt die Last auch gar zu groß gemacht.

*(Octavio hat unterschrieben und reicht Terzky die Schrift,
der sie dem Isolani gibt. Dieser geht an den Tisch, zu unterschreiben.)*

Tiefenbach.

Der Krieg in Pommern hat mir's zugezogen,
Da mußten wir heraus in Schnee und Eis,
Das werd ich wohl mein Lebtag nicht verwinden.

Götz. Jawohl! Der Schwed' frug nach der Jahrszeit nichts.

*(Terzky reicht das Papier an Don Maradas; dieser geht an
den Tisch, zu unterschreiben.)*

Octavio *(nähert sich Buttlern).*

Ihr liebt die Bacchusfeste auch nicht sehr,
Herr Oberster! Ich hab es wohl bemerkt,
Und würdet, deucht mir, besser Euch gefallen   2170
Im Toben einer Schlacht als eines Schmauses.

Buttler. Ich muß gestehen, es ist nicht in meiner Art.

Octavio *(zutraulich näher tretend).*

Auch nicht in meiner, kann ich Euch versichern,
Und mich erfreut's, sehr würd'ger Oberst Buttler,
Daß wir uns in der Denkart so begegnen.
Ein halbes Dutzend guter Freunde höchstens
Um einen kleinen, runden Tisch, ein Gläschen
Tokaierwein, ein offnes Herz dabei
Und ein vernünftiges Gespräch – so lieb ich's!

Buttler.

Ja, wenn man's haben kann, ich halt es mit.   2180

*(Das Papier kommt an Buttlern, der an den Tisch geht, zu
unterschreiben. Das Proszenium wird leer, so daß beide
Piccolomini, jeder auf seiner Seite, allein stehen bleiben.)*

O c t a v i o *(nachdem er seinen Sohn eine Zeitlang aus der Ferne stillschweigend betrachtet, nähert sich ihm ein wenig).*
  Du bist sehr lange ausgeblieben, Freund.
M a x *(wendet sich schnell um, verlegen).*
  Ich – dringende Geschäfte hielten mich.
O c t a v i o. Doch, wie ich sehe, bist du noch nicht hier?
M a x. Du weißt, daß groß Gewühl mich immer still macht.
O c t a v i o *(rückt ihm noch näher).*
  Ich darf nicht wissen, was so lang dich aufhielt? *(Listig.)*
  – Und Terzky weiß es doch.
M a x.   Was weiß der Terzky?
O c t a v i o *(bedeutend).*
  Er war der einz'ge, der dich nicht vermißte.
I s o l a n i *(der von weitem achtgegeben, tritt dazu).*
  Recht, alter Vater! Fall ihm ins Gepäck!
  Schlag die Quartier' ihm auf! Es ist nicht richtig.
T e r z k y *(kommt mit der Schrift).*
  Fehlt keiner mehr? Hat alles unterschrieben?   2190
O c t a v i o. Es haben's alle.
T e r z k y *(rufend).*   Nun! Wer unterschreibt noch?
B u t t l e r *(zu Terzky).*
  Zähl nach! Just dreißig Namen müssen's sein.
T e r z k y. Ein Kreuz steht hier.
T i e f e n b a c h.   Das Kreuz bin ich.
I s o l a n i *(zu Terzky).*
  Er kann nicht schreiben, doch sein Kreuz ist gut
  Und wird ihm honoriert von Jud und Christ.
O c t a v i o *(pressiert, zu Max).*
  Gehn wir zusammen, Oberst. Es wird spät.
T e r z k y. Ein Piccolomini nur ist aufgeschrieben.
I s o l a n i *(auf Max zeigend).*
  Gebt acht! Es fehlt an diesem steinernen Gast,
  Der uns den ganzen Abend nichts getaugt.
(Max empfängt aus Terzkys Händen das Blatt, in welches er gedankenlos hineinsieht.)

SIEBENTER AUFTRITT

Die Vorigen. Illo kommt aus dem hintern Zimmer, er hat
den goldnen Pokal in der Hand und ist sehr erhitzt, ihm
folgen Götz und Buttler, die ihn zurückhalten wollen.

I l l o. Was wollt ihr? Laßt mich.
G ö t z und B u t t l e r.   Illo! Trinkt nicht mehr. 2200
I l l o *(geht auf den Octavio zu und umarmt ihn, trinkend).*
  Octavio! Das bring ich dir! Ersäuft
  Sei aller Groll in diesem Bundestrunk!
  Weiß wohl, du hast mich nie geliebt – Gott straf' mich,
  Und ich dich auch nicht! Laß Vergangenes
  Vergessen sein! Ich schätze dich unendlich,
  (ihn zu wiederholten Malen küssend)
  Ich bin dein bester Freund, und, daß ihr's wißt!
  Wer mir ihn eine falsche Katze schilt,
  Der hat's mit mir zu tun.
T e r z k y *(beiseite).*   Bist du bei Sinnen?
  Bedenk doch, Illo, wo du bist!
I l l o *(treuherzig).*
  Was wollt Ihr? Es sind lauter gute Freunde.   2210
  (Sich mit vergnügtem Gesicht im ganzen Kreise um-
  sehend.)
  Es ist kein Schelm hier unter uns, das freut mich.
T e r z k y *(zu Buttler, dringend).*
  Nehmt ihn doch mit Euch fort! Ich bitt Euch, Buttler.
       (Buttler führt ihn an den Schenktisch.)
I s o l a n i *(zu Max, der bisher unverwandt, aber gedan-*
  kenlos in das Papier gesehen).
  Wird's bald, Herr Bruder? Hat Er's durchstudiert?
M a x *(wie aus einem Traum erwachend).*
  Was soll ich?
T e r z k y und I s o l a n i *(zugleich).*
       Seinen Namen drunter setzen.
(Man sieht den Octavio ängstlich gespannt den Blick auf ihn
richten.)
M a x *(gibt es zurück).*
  Laßt's ruhn bis morgen. Es ist ein *Geschäft*,
  Hab heute keine Fassung. Schickt mir's morgen.
T e r z k y. Bedenk' Er doch –
I s o l a n i.   Frisch! Unterschrieben! Was!
  Er ist der jüngste von der ganzen Tafel,

Wird ja allein nicht klüger wollen sein
Als wir zusammen? Seh' Er her! Der Vater   2220
Hat auch, wir haben alle unterschrieben.
T e r z k y *(zum Octavio).*
Braucht Euer Ansehn doch. Bedeutet ihn.
O c t a v i o. Mein Sohn ist mündig.
I l l o *(hat den Pokal auf den Schenktisch gesetzt).*
                       Wovon ist die Rede?
T e r z k y.
    Er weigert sich, das Blatt zu unterschreiben.
M a x. Es wird bis morgen ruhen können, sag ich.
I l l o. Es kann nicht ruhn. Wir unterschrieben alle,
Und du mußt auch, du *mußt* dich unterschreiben.
M a x. Illo, schlaf wohl.
I l l o.   Nein! So entkömmst du nicht!
Der Fürst soll seine Freunde kennenlernen.
      (Es sammeln sich alle Gäste um die beiden.)
M a x. Wie ich für ihn gesinnt bin, weiß der Fürst,   2230
Es wissen's alle, und der Fratzen braucht's nicht.
I l l o. Das ist der Dank, das hat der Fürst davon,
Daß er die Welschen immer vorgezogen!
T e r z k y *(in höchster Verlegenheit zu den Kommandeurs,
die einen Auflauf machen).*
Der Wein spricht aus ihm! Hört ihn nicht, ich bitt euch.
I s o l a n i *(lacht).*
Der Wein erfindet nichts, er schwatzt's nur aus.
I l l o. Wer nicht ist *mit* mir, der ist wider mich.
Die zärtlichen Gewissen! Wenn sie nicht
Durch eine Hintertür, durch eine Klausel –
T e r z k y *(fällt schnell ein).*
Er ist ganz rasend, gebt nicht acht auf ihn.
I l l o *(lauter schreiend).*
Durch eine Klausel sich salvieren können.   2240
Was Klausel? Hol' der Teufel diese Klausel –
M a x *(wird aufmerksam und sieht wieder in die Schrift).*
Was ist denn hier so hoch Gefährliches?
Ihr macht mir Neugier, näher hinzuschaun.
T e r z k y *(beiseite zu Illo).*
Was machst du, Illo? Du verderbest uns!
T i e f e n b a c h *(zu Colalto).*
Ich merkt' es wohl, vor Tische las man's anders.
G ö t z. Es kam mir auch so vor.

Isolani. Was ficht das mich an?
Wo andre Namen, kann auch meiner stehn.
Tiefenbach. Vor Tisch war ein gewisser Vorbehalt
Und eine Klausel drin von Kaisers Dienst.
Buttler *(zu einem der Kommandeurs).*
Schämt euch, ihr Herrn! Bedenkt, worauf es ankommt. 2250
Die Frag' ist jetzt, ob wir den General
Behalten sollen oder ziehen lassen?
Man kann's so scharf nicht nehmen und genau.
Isolani *(zu einem der Generale).*
Hat sich der Fürst auch so verklausuliert,
Als er dein Regiment dir zugeteilt?
Terzky *(zu Götz).*
Und Euch die Lieferungen, die an tausend
Pistolen Euch in *einem* Jahre tragen?
Illo. Spitzbuben selbst, die uns zu Schelmen machen!
Wer nicht zufrieden ist, der sag's! Da bin ich!
Tiefenbach.
Nun! Nun! Man spricht ja nur.
Max *(hat gelesen und gibt das Papier zurück).*
Bis morgen also! 2260
Illo *(vor Wut stammelnd und seiner nicht mehr mächtig,*
hält ihm mit der einen Hand die Schrift, mit der andern
den Degen vor).
Schreib – Judas!
Isolani. Pfui, Illo!
Octavio, Terzky, Buttler *(zugleich).*
Degen weg!
Max *(ist ihm rasch in den Arm gefallen und hat ihn ent-*
waffnet, zu Graf Terzky). Bring ihn zu Bette!
(Er geht ab. Illo, fluchend und scheltend, wird von einigen
Kommandeurs gehalten, unter allgemeinem Aufbruch fällt
der Vorhang.)

FÜNFTER AUFZUG

Szene: Ein Zimmer in Piccolominis Wohnung. Es ist Nacht.

ERSTER AUFTRITT

*Octavio Piccolomini. Kammerdiener leuchtet. Gleich darauf
Max Piccolomini.*

O c t a v i o. Sobald mein Sohn herein ist, weiset ihn
　　Zu mir – Was ist die Glocke?
K a m m e r d i e n e r.　　　　　Gleich ist's Morgen.
O c t a v i o. Setzt Euer Licht hieher – Wir legen uns
　　Nicht mehr zu Bette, Ihr könnt schlafen gehn.
(Kammerdiener ab. Octavio geht nachdenkend durchs Zimmer. Max Piccolomini tritt auf, nicht gleich von ihm bemerkt, und sieht ihm einige Augenblicke schweigend zu.)
M a x. Bist du mir bös, Octavio? Weiß Gott,
　　Ich bin nicht schuld an dem verhaßten Streit.
　　– Ich sahe wohl, du hattest unterschrieben;
　　Was *du* gebilliget, das konnte mir　　　　　　　　2270
　　Auch recht sein – doch es war – du weißt – ich kann
　　In solchen Sachen nur dem eignen Licht,
　　Nicht fremdem folgen.
O c t a v i o *(geht auf ihn zu und umarmt ihn).*
　　　　　　　　　　　Folg ihm ferner auch,
　　Mein bester Sohn! Es hat dich treuer jetzt
　　Geleitet als das Beispiel deines Vaters.
M a x. Erklär dich deutlicher.
O c t a v i o.　　　　　　　Ich werd es tun.
　　Nach dem, was diese Nacht geschehen ist,
　　Darf kein Geheimnis bleiben zwischen uns.
　　　　　　(Nachdem beide sich niedergesetzt.)
　　Max, sage mir, was denkst du von dem Eid,
　　Den man zur Unterschrift uns vorgelegt?　　　　　2280
M a x. Für etwas Unverfänglich's halt ich ihn,
　　Obgleich ich dieses Förmliche nicht liebe.
O c t a v i o. Du hättest dich aus keinem andern Grunde
　　Der abgedrungnen Unterschrift geweigert?
M a x. Es war ein ernst Geschäft – ich war zerstreut –
　　Die Sache selbst erschien mir nicht so dringend –

O c t a v i o. Sei offen, Max. Du hattest keinen Argwohn –
M a x. Worüber Argwohn? Nicht den mindesten.
O c t a v i o. Dank's deinem Engel, Piccolomini!
   Unwissend zog er dich zurück vom Abgrund.   2290
M a x. Ich weiß nicht, was du meinst.
O c t a v i o.   Ich will dir's sagen:
   Zu einem Schelmstück solltest du den Namen
   Hergeben, deinen Pflichten, deinem Eid
   Mit einem einz'gen Federstrich entsagen.
M a x *(steht auf).* Octavio!
O c t a v i o.   Bleib sitzen. Viel noch hast du
   Von mir zu hören, Freund, hast jahrelang
   Gelebt in unbegreiflicher Verblendung.
   Das schwärzeste Komplott entspinnet sich
   Vor deinen Augen, eine Macht der Hölle
   Umnebelt deiner Sinne hellen Tag –   2300
   Ich darf nicht länger schweigen, muß die Binde
   Von deinen Augen nehmen.
M a x.   Eh' du sprichst,
   Bedenk es wohl! Wenn von Vermutungen
   Die Rede sein soll – und ich fürchte fast,
   Es ist nichts weiter – Spare sie! Ich bin
   Jetzt nicht gefaßt, sie ruhig zu vernehmen.
O c t a v i o. So ernsten Grund du hast, dies Licht zu fliehn,
   So dringendern hab ich, daß ich dir's gebe.
   Ich konnte dich der Unschuld deines Herzens,
   Dem eignen Urteil ruhig anvertraun,   2310
   Doch deinem Herzen selbst seh ich das Netz
   Verderblich jetzt bereiten – Das Geheimnis,
   (ihn scharf mit den Augen fixierend)
   Das *du* vor mir verbirgst, entreißt mir *meines*.
M a x *(versucht zu antworten, stockt aber und schlägt den
   Blick verlegen zu Boden).*
O c t a v i o *(nach einer Pause).*
   So wisse denn! Man hintergeht dich – spielt
   Aufs schändlichste mit dir und mit uns allen.
   Der Herzog stellt sich an, als wollt' er die
   Armee verlassen; und in dieser Stunde
   Wird's eingeleitet, die Armee dem Kaiser
   – Zu stehlen und dem Feinde zuzuführen!
M a x. Das Pfaffenmärchen kenn ich, aber nicht   2320
   Aus deinem Mund erwartet' ich's zu hören.

O c t a v i o. Der Mund, aus dem du's gegenwärtig hörst,
　　Verbürget dir, es sei kein Pfaffenmärchen.
M a x. Zu welchem Rasenden macht man den Herzog!
　　Er könnte daran denken, dreißigtausend
　　Geprüfter Truppen, ehrlicher Soldaten,
　　Worunter mehr denn tausend Edelleute,
　　Von Eid und Pflicht und Ehre wegzulocken,
　　Zu einer Schurkentat sie zu vereinen?
O c t a v i o. So was nichtswürdig Schändliches begehrt 2330
　　Er keinesweges – Was er von uns will,
　　Führt einen weit unschuldigeren Namen.
　　Nichts will er, als dem Reich den Frieden schenken;
　　Und weil der Kaiser *diesen* Frieden haßt,
　　So will er ihn – er will ihn dazu *zwingen!*
　　Zufriedenstellen will er alle Teile
　　Und zum Ersatz für seine Mühe Böhmen,
　　Das er schon innehat, für sich behalten.
M a x. Hat er's um uns verdient, Octavio,
　　Daß wir – wir so unwürdig von ihm denken? 2340
O c t a v i o. Von unserm Denken ist hier nicht die Rede.
　　Die Sache spricht, die kläresten Beweise.
　　Mein Sohn! Dir ist nicht unbekannt, wie schlimm
　　Wir mit dem Hofe stehn – doch von den Ränken,
　　Den Lügenkünsten hast du keine Ahnung,
　　Die man in Übung setzte, Meuterei
　　Im Lager auszusäen. Aufgelöst
　　Sind alle Bande, die den Offizier
　　An seinen Kaiser fesseln, den Soldaten
　　Vertraulich binden an das Bürgerleben. 2350
　　Pflicht- und gesetzlos steht er gegenüber
　　Dem Staat gelagert, den er schützen soll,
　　Und drohet, gegen ihn das Schwert zu kehren.
　　Es ist so weit gekommen, daß der Kaiser
　　In diesem Augenblick vor seinen eignen
　　Armeen zittert – der Verräter Dolche
　　In seiner Hauptstadt fürchtet – seiner Burg;
　　Ja im Begriffe steht, die zarten Enkel
　　Nicht vor den Schweden, vor den Lutheranern
　　– Nein! vor den eignen Truppen wegzuflüchten. 2360
M a x. Hör auf! Du ängstigest, erschütterst mich.
　　Ich weiß, daß man vor leeren Schrecken zittert;
　　Doch wahres Unglück bringt der falsche Wahn.

O c t a v i o. Es ist kein Wahn. Der bürgerliche Krieg
   Entbrennt, der unnatürlichste von allen,
   Wenn wir nicht, schleunig rettend, ihm begegnen.
   Der Obersten sind viele längst erkauft,
   Der Subalternen Treue wankt; es wanken
   Schon ganze Regimenter, Garnisonen.
   Ausländern sind die Festungen vertraut,   2370
   Dem Schafgotsch, dem verdächtigen, hat man
   Die ganze Mannschaft Schlesiens, dem Terzky
   Fünf Regimenter, Reiterei und Fußvolk,
   Dem Illo, Kinsky, Buttler, Isolan
   Die bestmontierten Truppen übergeben.
M a x. Uns beiden auch.
O c t a v i o.   Weil man uns glaubt zu haben,
   Zu locken meint durch glänzende Versprechen.
   So teilt er mir die Fürstentümer Glatz
   Und Sagan zu, und wohl seh ich den Angel,
   Womit man dich zu fangen denkt.
M a x.   Nein! Nein!   2380
   Nein, sag ich dir!
O c t a v i o.   Oh! öffne doch die Augen!
   Weswegen, glaubst du, daß man uns nach Pilsen
   Beorderte? Um mit uns Rat zu pflegen?
   Wann hätte Friedland unsers Rats bedurft?
   Wir sind berufen, uns ihm zu verkaufen,
   Und weigern wir uns – Geisel ihm zu bleiben.
   Deswegen ist Graf Gallas weggeblieben –
   Auch deinen Vater sähest du nicht hier,
   Wenn höhre Pflicht ihn nicht gefesselt hielt.
M a x. Er hat es keinen Hehl, daß wir um seinetwillen   2390
   Hieher berufen sind – gestehet ein,
   Er brauche unsers Arms, sich zu erhalten.
   Er tat so viel für uns, und so ist's Pflicht,
   Daß wir jetzt auch für ihn was tun!
O c t a v i o.   Und weißt du,
   Was dieses ist, daß wir für ihn tun sollen?
   Des Illo trunkner Mut hat dir's verraten.
   Besinn dich doch, was du gehört, gesehn.
   Zeugt das verfälschte Blatt, die weggelaßne,
   So ganz entscheidungsvolle Klausel nicht,
   Man wolle zu nichts Gutem uns verbinden?   2400
M a x. Was mit dem Blatte diese Nacht geschehn,

Ist mir nichts weiter als ein schlechter Streich
Von diesem Illo. Dies Geschlecht von Mäklern
Pflegt alles auf die Spitze gleich zu stellen.
Sie sehen, daß der Herzog mit dem Hof
Zerfallen ist, vermeinen ihm zu dienen,
Wenn sie den Bruch unheilbar nur erweitern.
Der Herzog, glaub mir, weiß von all dem nichts.

Octavio.
Es schmerzt mich, deinen Glauben an den Mann,
Der dir so wohlgegründet scheint, zu stürzen.   2410
Doch hier darf keine Schonung sein – du mußt
Maßregeln nehmen, schleunige, mußt handeln.
– Ich will dir also nur gestehn – daß alles,
Was ich dir jetzt vertraut, was so unglaublich
Dir scheint, daß – daß ich es aus seinem eignen,
– Des Fürsten Munde habe.

Max *(in heftiger Bewegung).*   Nimmermehr!

Octavio. Er selbst vertraute mir – was ich zwar längst
Auf anderm Weg schon in Erfahrung brachte:
Daß er zum Schweden wolle übergehn
Und an der Spitze des verbundnen Heers   2420
Den Kaiser zwingen wolle –

Max.   Er ist heftig,
Es hat der Hof empfindlich ihn beleidigt;
In einem Augenblick des Unmuts, sei's!
Mag er sich leicht einmal vergessen haben.

Octavio. Bei kaltem Blute war er, als er mir
Dies eingestand; und weil er mein Erstaunen
Als Furcht auslegte, wies er im Vertraun
Mir Briefe vor, der Schweden und der Sachsen,
Die zu bestimmter Hilfe Hoffnung geben.

Max.
Es kann nicht sein! kann *nicht* sein! *kann* nicht sein!   2430
Siehst du, daß es nicht kann! Du hättest ihm
Notwendig deinen Abscheu ja gezeigt,
Er hätt' sich weisen lassen, oder du
– Du stündest nicht mehr lebend mir zur Seite!

Octavio. Wohl hab ich mein Bedenken ihm geäußert,
Hab dringend, hab mit Ernst ihn abgemahnt;
– Doch meinen Abscheu, meine innerste
Gesinnung hab ich tief versteckt.

Max.   Du wärst

So falsch gewesen? Das sieht meinem Vater
Nicht gleich! Ich glaubte deinen Worten nicht,   2440
Da du von *ihm* mir Böses sagtest; kann's
Noch wen'ger jetzt, da du dich selbst verleumdest.

O c t a v i o. Ich drängte mich nicht selbst in sein Geheimnis.

M a x. Aufrichtigkeit verdiente sein Vertraun.

O c t a v i o. Nicht würdig war er meiner Wahrheit mehr.

M a x. Noch minder würdig deiner war Betrug.

O c t a v i o. Mein bester Sohn! Es ist nicht immer möglich,
Im Leben sich so kinderrein zu halten,
Wie's uns die Stimme lehrt im Innersten,
In steter Notwehr gegen arge List —   2450
Bleibt auch das redliche Gemüt nicht wahr —
Das eben ist der Fluch der bösen Tat,
Daß sie, fortzeugend, immer Böses muß gebären.
Ich klügle nicht, ich tue meine Pflicht,
Der Kaiser schreibt mir mein Betragen vor.
Wohl wär' es besser, überall dem Herzen
Zu folgen, doch darüber würde man
Sich manchen guten Zweck versagen müssen.
Hier gilt's, mein Sohn, dem Kaiser wohl zu dienen,
Das Herz mag dazu sprechen, was es will.   2460

M a x. Ich soll dich heut nicht fassen, nicht verstehn.
Der Fürst, sagst du, entdeckte redlich dir sein Herz
Zu einem bösen Zweck, und *du* willst ihn
Zu einem guten Zweck betrogen haben!
Hör auf! ich bitte dich — du raubst den Freund
Mir nicht — Laß mich den Vater nicht verlieren!

O c t a v i o *(unterdrückt seine Empfindlichkeit).*
Noch weißt du alles nicht, mein Sohn. Ich habe
Dir noch was zu eröffnen.
(Nach einer Pause.)   Herzog Friedland
Hat seine Zurüstung gemacht. Er traut
Auf seine Sterne. Unbereitet denkt er uns   2470
Zu überfallen — mit der sichern Hand
Meint er den goldnen Zirkel schon zu fassen.
Er irret sich — Wir haben auch gehandelt.
Er faßt sein bös geheimnisvolles Schicksal.

M a x. Nichts Rasches, Vater! Oh! bei allem Guten
Laß dich beschwören. Keine Übereilung!

O c t a v i o. Mit leisen Tritten schlich er seinen bösen Weg,
So leis und schlau ist ihm die Rache nachgeschlichen.

Schon steht sie ungesehen, finster hinter ihm,
Ein Schritt nur noch, und schaudernd rühret er sie an. 2480
– Du hast den Questenberg bei mir gesehn;
Noch kennst du nur sein öffentlich Geschäft –
Auch ein geheimes hat er mitgebracht,
Das bloß für mich war.
M a x.   Darf ich's wissen?
O c t a v i o.   Max!
– Des Reiches Wohlfahrt leg ich mit dem Worte,
Des Vaters Leben dir in deine Hand.
Der Wallenstein ist deinem Herzen teuer,
Ein starkes Band der Liebe, der Verehrung
Knüpft seit der frühen Jugend dich an ihn –
Du nährst den Wunsch – Oh! laß mich immerhin   2490
Vorgreifen deinem zögernden Vertrauen –
Die Hoffnung nährst du, ihm viel näher noch
Anzugehören.
M a x.   Vater –
O c t a v i o.   Deinem Herzen trau ich,
Doch, bin ich deiner Fassung auch gewiß?
Wirst du's vermögen, ruhigen Gesichts
Vor diesen Mann zu treten, wenn ich dir
Sein ganz Geschick nun anvertrauet habe?
M a x. Nachdem du seine Schuld mir anvertraut!
O c t a v i o (nimmt ein Papier aus der Schatulle und reicht
es ihm hin).
M a x. Was? Wie? Ein offner kaiserlicher Brief.
O c t a v i o. Lies ihn.
M a x (nachdem er einen Blick hineingeworfen).
                          Der Fürst verurteilt und geächtet! 2500
O c t a v i o.
So ist's.
M a x.   Oh! das geht weit! O unglücksvoller Irrtum!
O c t a v i o. Lies weiter! Faß dich!
M a x (nachdem er weitergelesen, mit einem Blick des Er-
staunens auf seinen Vater).   Wie? Was? Du? Du bist –
O c t a v i o. Bloß für den Augenblick – und bis der König
Von Ungarn bei dem Heer erscheinen kann,
Ist das Kommando mir gegeben –
M a x. Und glaubst du, daß du's ihm entreißen werdest?
Das denke ja nicht – Vater! Vater! Vater!
Ein unglückselig Amt ist dir geworden.

Dies Blatt hier – dieses! willst du geltendmachen?
Den Mächtigen in seines Heeres Mitte,   2510
Umringt von seinen Tausenden, entwaffnen?
Du bist verloren – Du, wir alle sind's!
O c t a v i o. Was ich dabei zu wagen habe, weiß ich.
 Ich stehe in der Allmacht Hand; sie wird
 Das fromme Kaiserhaus mit ihrem Schilde
 Bedecken und das Werk der Nacht zertrümmern.
 Der Kaiser hat noch treue Diener, auch im Lager
 Gibt es der braven Männer gnug, die sich
 Zur guten Sache munter schlagen werden.
 Die Treuen sind gewarnt, bewacht die andern,   2520
 Den ersten Schritt erwart ich nur, sogleich –
M a x. Auf den Verdacht hin willst du rasch gleich handeln?
O c t a v i o. Fern sei vom Kaiser die Tyrannenweise!
 Den Willen nicht, die Tat nur will er strafen.
 Noch hat der Fürst sein Schicksal in der Hand –
 Er lasse das Verbrechen unvollführt,
 So wird man ihn still vom Kommando nehmen,
 Er wird dem Sohne seines Kaisers weichen.
 Ein ehrenvoll Exil auf seine Schlösser
 Wird Wohltat mehr als Strafe für ihn sein.   2530
 Jedoch der erste offenbare Schritt –
M a x. Was nennst du einen solchen Schritt? Er wird
 Nie einen bösen tun. – Du aber könntest
 (Du hast's getan) den frömmsten auch mißdeuten.
O c t a v i o. Wie strafbar auch des Fürsten Zwecke waren,
 Die Schritte, die er öffentlich getan,
 Verstatteten noch eine milde Deutung.
 Nicht eher denk ich dieses Blatt zu brauchen,
 Bis eine Tat getan ist, die unwidersprechlich
 Den Hochverrat bezeugt und ihn verdammt.   2540
M a x. Und wer soll Richter drüber sein?
O c t a v i o.   – Du selbst.
M a x. Oh! dann bedarf es dieses Blattes nie!
 Ich hab dein Wort, du wirst nicht eher handeln,
 Bevor du mich – mich selber überzeugt.
O c t a v i o. Ist's möglich? Noch – nach allem, was du weißt,
 Kannst du an seine Unschuld glauben?
M a x *(lebhaft).*
 Dein Urteil kann sich irren, nicht mein Herz.
 (Gemäßigter fortfahrend.)

Der Geist ist nicht zu fassen wie ein andrer.
Wie er sein Schicksal an die Sterne knüpft,
So gleicht er ihnen auch in wunderbarer,   2550
Geheimer, ewig unbegriffner Bahn.
Glaub mir, man tut ihm Unrecht. Alles wird
Sich lösen. Glänzend werden wir den Reinen
Aus diesem schwarzen Argwohn treten sehn.
O c t a v i o. Ich will's erwarten.

ZWEITER AUFTRITT

Die Vorigen. Der Kammerdiener. Gleich darauf ein Kurier.

O c t a v i o. Was gibt's?
K a m m e r d i e n e r.   Ein Eilbot' wartet vor der Tür.
O c t a v i o. So früh am Tag! Wer ist's? Wo kommt er her?
K a m m e r d i e n e r. Das wollt' er mir nicht sagen.
O c t a v i o. Führ ihn herein. Laß nichts davon verlauten.
              (Kammerdiener ab. Kornet tritt ein.)
     Seid Ihr's, Kornet? Ihr kommt vom Grafen Gallas?   2560
     Gebt her den Brief.
K o r n e t.   Bloß mündlich ist mein Auftrag.
     Der Generalleutnant traute nicht.
O c t a v i o.   Was ist's?
K o r n e t. Er läßt Euch sagen – Darf ich frei hier sprechen?
O c t a v i o. Mein Sohn weiß alles.
K o r n e t.   Wir haben ihn.
O c t a v i o.   Wen meint Ihr?
K o r n e t. Den Unterhändler! Den Sesin!
O c t a v i o *(schnell).*   Habt ihr?
K o r n e t.
     Im Böhmerwald erwischt' ihn Hauptmann Mohrbrand
     Vorgestern früh, als er nach Regenspurg
     Zum Schweden unterwegs war mit Depeschen.
O c t a v i o. Und die Depeschen –
K o r n e t.   Hat der Generalleutnant
     Sogleich nach Wien geschickt mit dem Gefangnen.   2570
O c t a v i o.
     Nun endlich! endlich! Das ist eine große Zeitung!
     Der Mann ist uns ein kostbares Gefäß,
     Das wicht'ge Dinge einschließt – Fand man viel?
K o r n e t. An sechs Pakete mit Graf Terzkys Wappen.

O c t a v i o. Keins von des Fürsten Hand?
K o r n e t.   Nicht, daß ich wüßte.
O c t a v i o. Und der Sesina?
K o r n e t.   Der tat sehr erschrocken,
  Als man ihm sagt', es ginge nacher Wien.
  Graf Altring aber sprach ihm guten Mut ein,
  Wenn er nur alles wollte frei bekennen.
O c t a v i o. Ist Altringer bei Eurem Herrn? Ich hörte, 2580
  Er läge krank zu Linz.
K o r n e t.   Schon seit drei Tagen
  Ist er zu Frauenberg beim Generalleutnant.
  Sie haben sechzig Fähnlein schon beisammen,
  Erlesnes Volk, und lassen Euch entbieten,
  Daß sie von Euch Befehle nur erwarten.
O c t a v i o. In wenig Tagen kann sich viel ereignen.
  Wann müßt Ihr fort?
K o r n e t.   Ich wart' auf Eure Ordre.
O c t a v i o.
  Bleibt bis zum Abend.
K o r n e t.   Wohl. *(Will gehen.)*
O c t a v i o.   Sah Euch doch niemand?
K o r n e t. Kein Mensch. Die Kapuziner ließen mich
  Durchs Klosterpförtchen ein, so wie gewöhnlich.   2590
O c t a v i o. Geht, ruht Euch aus und haltet Euch verborgen.
  Ich denk Euch noch vor Abend abzufert'gen.
  Die Sachen liegen der Entwicklung nah,
  Und eh' der Tag, der eben jetzt am Himmel
  Verhängnisvoll heranbricht, untergeht,
  Muß ein entscheidend Los gefallen sein.
          (Kornet geht ab.)

DRITTER AUFTRITT

Beide Piccolomini.

O c t a v i o.
 .Was nun, mein Sohn? Jetzt werden wir bald klar sein,
  – Denn alles, weiß ich, ging durch den Sesina.
M a x *(der während des ganzen vorigen Auftritts in einem*
  heftigen, innern Kampf gestanden, entschlossen).
  Ich will auf kürzerm Weg mir Licht verschaffen.
  Leb wohl!

O c t a v i o.   Wohin? Bleib da!
M a x.   Zum Fürsten.
O c t a v i o *(erschrickt).*   Was?   2600
M a x *(zurückkommend).*
   Wenn du geglaubt, ich werde eine Rolle
   In deinem Spiele spielen, hast du dich
   In mir verrechnet. Mein Weg muß gerad sein.
   Ich kann nicht wahr sein mit der Zunge, mit
   Dem Herzen falsch – nicht zusehn, daß mir einer
   Als seinem Freunde traut, und mein Gewissen
   Damit beschwichtigen, daß er's auf *seine*
   Gefahr tut, daß mein Mund ihn nicht belogen.
   Wofür mich einer kauft, das muß ich sein.
   – Ich geh zum Herzog. Heut noch werd ich ihn   2610
   Auffordern, seinen Leumund vor der Welt
   Zu retten, eure künstlichen Gewebe
   Mit einem graden Schritte zu durchreißen.
O c t a v i o.   Das wolltest du?
M a x.   Das will ich. Zweifle nicht.
O c t a v i o.   Ich habe mich in dir verrechnet, ja.
   Ich rechnete auf einen weisen Sohn,
   Der die wohltät'gen Hände würde segnen,
   Die ihn zurück vom Abgrund ziehn – und einen
   Verblendeten entdeck ich, den zwei Augen
   Zum Toren machten, Leidenschaft umnebelt,   2620
   Den selbst des Tages volles Licht nicht heilt.
   Befrag ihn! Geh! Sei unbesonnen gnug,
   Ihm deines Vaters, deines Kaisers
   Geheimnis preiszugeben. Nöt'ge mich
   Zu einem lauten Bruche vor der Zeit!
   Und jetzt, nachdem ein Wunderwerk des Himmels
   Bis heute mein Geheimnis hat beschützt,
   Des Argwohns helle Blicke eingeschläfert,
   Laß mich's erleben, daß mein eigner Sohn
   Mit unbedachtsam rasendem Beginnen   2630
   Der Staatskunst mühevolles Werk vernichtet.
M a x.   Oh! diese Staatskunst, wie verwünsch' ich sie!
   Ihr werdet ihn durch eure Staatskunst noch
   Zu einem Schritte treiben – Ja, ihr könntet ihn,
   Weil ihr ihn schuldig *wollt*, noch schuldig *machen.*
   Oh! das kann nicht gut endigen – und mag sich's
   Entscheiden wie es will, ich sehe ahnend

Die unglückselige Entwicklung nahen. –
Denn dieser Königliche, wenn er fällt,
Wird eine Welt im Sturze mit sich reißen,   2640
Und wie ein Schiff, das mitten auf dem Weltmeer
In Brand gerät mit *einem* Mal und berstend
Auffliegt und alle Mannschaft, die es trug,
Ausschüttet plötzlich zwischen Meer und Himmel,
Wird er uns alle, die wir an sein Glück
Befestigt sind, in seinen Fall hinabziehn.
   Halte du es, wie du willst! Doch mir vergönne,
Daß ich auf meine Weise mich betrage.
Rein muß es bleiben zwischen mir und ihm,
Und eh' der Tag sich neigt, muß sich's erklären,   2650
Ob ich den Freund, ob ich den Vater soll entbehren.
         (Indem er abgeht, fällt der Vorhang.)

NACHBEMERKUNG

Schiller, der schon 1791 einmal die Arbeit an einem historischen Stoffe erwähnt, schreibt im Mai 1792 an Körner, daß ihm »die Feder besonders nach dem Wallenstein« jucke. Nach einer Notiz in seinem Kalender ging er jedoch erst am 22. Oktober 1796 an die Bearbeitung dieses Stoffes, zunächst in Prosa.

Anfang 1797 faßte Schiller den Plan, dem Wallenstein einen »Prolog« voranzuschicken. Er schrieb ihn in den Maitagen des gleichen Jahres nieder, aber nicht in Prosa, sondern in gebundener Sprache. Von diesem Vorspiel waren Goethe, Körner und der Verleger Cotta gleichermaßen beeindruckt. Während der folgenden Monate kam Schiller zu der Erkenntnis, daß die jambische Form auch für den *Wallenstein* selbst die richtige sei. Er arbeitete von November 1797 an auch das Stück in Versform um. Dadurch schwoll der Stoff jedoch so an, daß er sich im September 1798 entschloß, den »Prolog« als selbständiges Werk unter dem Titel *Wallensteins Lager* zu bearbeiten.

Goethe, der das Stück zur Eröffnung der Theaterspielzeit in Weimar benutzen wollte, drängte zur Vollendung. Schiller erweiterte den Prolog noch, so daß er, wie der Dichter am 30. September 1798 schreibt, »wirklich jetzt ein sehr lebhaftes Gemälde eines wallensteinischen Kriegslagers ist«.

Die Uraufführung fand in Weimar am 12. Oktober 1798 statt. Am folgenden Tage wurde das Stück unter lebhaftem Beifall wiederholt.

Bereits am 24. Dezember 1798 lagen *Die Piccolomini* fertig vor. Das Werk ging am 30. Januar 1799 in Weimar in Szene und wurde wenig später, am 18. Februar, auch in Berlin mit Erfolg aufgenommen.

Im Druck erschien *Wallensteins Lager*, *Die Piccolomini* und *Wallensteins Tod* als Trilogie Ende Juni 1800 bei Cotta in Tübingen.